Volker Würth

Obst, Gemüse und exotische Früchte für Papageien und Sittiche

Arndt-Verlag

Würth, Volker:
Obst, Gemüse und exotische Früchte für Papageien und Sittiche

1. Auflage (2001)
Arndt-Verlag

ISBN 3-9805291-9-3

Gesamtgestaltung:

Thomas Arndt, Dr. Rainer Niemann,
Brigitte Borkowitz und Volker Würth

Lektorat:

Dr. Angelika Fergenbauer-Kimmel,
Dr. Rainer Niemann und Anke Würth

Druck:

WALTER Druck, Brackenheim-Hausen

Inhalt

Inhalt

Volker Würth

Der Autor mit seinen beiden Grünzügelpapageien „Ratz“ und „Rübe“

Vorwort

Nachdem in der Zeitschrift PAPAGEIEN im Mai 1999 eine von mir verfasste Serie unter dem Titel „Früchte als wertvolles Zusatzfutter“ gestartet und bis zum Erscheinen dieses Buches lückenlos fortgesetzt wurde, reifte in mir langsam der Wunsch heran, ein Buch über diesen wichtigen Aspekt der Papageienfütterung zu schreiben. Die positive Resonanz, die ich durch die Leser von PAPAGEIEN erhielt, bestärkte diesen Wunsch, denn meist wurde die lobende Kritik damit begründet, dass in der Literatur viel zu selten detailliert über Früchte, Gemüse und deren Darreichungsmöglichkeiten an die Psittaziden berichtet wird.

So konnte ich mich – was ernährungsphysiologische Daten anbelangt – lediglich an ernährungswissenschaftlicher Literatur orientieren. Erfahrungen in der Darreichung und Fütterung der zahlreichen Obst- und Gemüsevarietäten mussten in langen persönlichen „Erprobungsphasen“ und Gesprächen mit vielen Papageienhaltern und -züchtern zunächst gesammelt, protokolliert und ausgewertet werden. Um möglichst viele Daten zu sammeln, wurde eigens eine Fragebogenaktion gestartet, die sogar im Internet veröffentlicht wurde und äußerst erfolgreich war.

Auf diese Weise entstand eine sehr umfangreiche Daten- und Literatursammlung, die kompakt und leicht verständlich in einem handlichen Buch „komprimiert“ werden sollte. Das Ergebnis liegt nun vor Ihnen. Ich hoffe, es ist mir gelungen, Ihnen einen wertvollen Leitfaden an die Hand zu

Vorwort

geben, mit dessen Hilfe Sie in Zukunft bei Ihrem Obst- und Gemüsehändler gezielt für Ihre Papageien einkaufen können.

Mein besonderer Dank soll an dieser Stelle Herrn Dr. Rainer Niemann, Herrn Matthias Reinschmidt sowie Frau Dr. Angelika Fergenbauer-Kimmel gelten, die mir mit wertvollen Hinweisen und Verbesserungsvorschlägen stets zur Seite gestanden haben, und natürlich dem Verleger, Herrn Thomas Arndt, der die Realisierung dieses Buches überhaupt erst ermöglicht hat.

Volker Würth, Stödtlen, im Juli 2001

Sortiment exotischer Früchte und Nüsse

Einleitung

Papageien zählen heutzutage zu den beliebtesten Haustieren und sind auf Grund ihrer kaum zu überbietenden Farbenpracht, ihrer Intelligenz und Nachahmungsfähigkeit zu besonderen „Sympathieträgern" unter den Tieren geworden. Leider lässt nicht zuletzt die Bedrohung zahlreicher Papageienarten in freier Natur viele Tierfreunde ein Augenmerk auf sie werfen.

Durch das verstärkte Interesse an der Pflege und Zucht in den letzten 30 Jahren wurden natürlich auch viele Erkenntnisse bezüglich der Haltung und Fütterung der Psittaziden gesammelt, so dass man heute bei vielen Arten in der Lage ist, diese „artgerecht" unterzubringen und ihren Bedürfnissen gemäß ausgewogen und abwechslungsreich zu ernähren.

Über die richtige Ernährung der Papageien wird intensiv diskutiert und gestritten, nicht zuletzt deshalb, weil über die Ernährungsgewohnheiten der Papageien, Sittiche und Loris in freier Natur immer noch viel zu wenig bekannt ist. Darüber hinaus stellt natürlich die Ernährung den wohl wesentlichsten Faktor bei der Gesunderhaltung der Tiere dar, über den oft und gerne gefachsimpelt wird.

Zu einer ausgewogenen Ernährung in Menschenobhut gehört unbestritten das tägliche

Angebot von frischem Obst und Gemüse. Doch aus der Gewohnheit heraus, aus Zeitmangel oder aus welchem Grund auch immer werden die Papageien allzu oft – wenn überhaupt – nur mit Alltäglichem wie Äpfeln, Bananen oder Möhren versorgt.

Das vorliegende Buch soll nun allen engagierten Papageienliebhabern als Nachschlagewerk dienen, um verschiedene – vielleicht sogar bislang nicht gekannte – Früchte- oder Gemüsesorten kennen zu lernen und den Anreiz zu bekommen, den Speiseplan der Papageien um die eine oder andere Sorte zu erweitern.

Dabei muss dem Papageienfreund gegenüber nicht besonders betont werden, dass hier viel Geduld gefordert ist. Viele Papageien stehen einem neuen Futterangebot lange Zeit äußerst misstrauisch gegenüber. Geben Sie nicht gleich auf, wenn Ihr Vogel die neu angebotene Frucht beim ersten und zweiten Mal verschmäht! Die einzelnen Kurzmonographien werden Ihnen dabei helfen, die richtigen Obst- oder Gemüsesorten für die von Ihnen gehaltenen Vögel auszuwählen

Feuerflügelsittich-Nestlinge

Während der Jungenaufzucht muss auf eine besonders ausgewogene Ernährung geachtet werden

Erklärungen zu Inhaltsstoffen und Fachausdrücken

Um das Verständnis des Textes zu erleichtern, möchte ich den Kurzmonographien eine Liste voranstellen, die kurze Erklärungen der wichtigsten Inhaltsstoffe und sonstige im Zusammenhang mit Obst und Gemüse relevante Fachausdrücke enthält. Die Begriffe werden in alphabetischer Reihenfolge aufgeführt.

adstringierend

Zusammenziehend auf Schleimhäute wirkend.

Aflatoxine

Höchst giftige Stoffwechselprodukte der Pilzart *Aspergillus flavus*, die hauptsächlich auf ölhaltigen Samen, Nüssen, Getreidekörnern und schimmeligem Brot auftritt. Aflatoxine verursachen Leberschäden, zentralnervöse Störungen und Magen-Darm-Symptomatiken; sie gehören zu den Krebs erregenden Stoffen.

Alkaloide

In Pflanzen vorkommende, vorwiegend giftige stickstoffhaltige Verbindungen basischen Charakters.

Aminosäuren

Kleinste Eiweißbausteine.

Antioxidans

Verhindert die chemische Verbindung eines Stoffes mit Sauerstoff.

Begriffserklärungen

Ballaststoffe

Bestandteile der Nahrung, z. B. Zellulose und Hemizellulose (Rohfaser), die ausschließlich in pflanzlichen Nahrungsmitteln vorkommen und von den Enzymen des Magen-Darm-Traktes nicht aufgespalten werden und folglich nicht oder nur teilweise verwertet werden können. Dennoch sind sie wichtig für die Ernährung, da sie erheblich zu einer normalen Darmfunktion beitragen und blutzuckerregulierend wirken.

Biotin

Wasserlösliches Vitamin der B-Gruppe, wird auch als Vitamin H bezeichnet. Die Hauptwirkung liegt im Stoffwechsel von Fett und Kohlenhydraten. Wichtig für Wachstum und Entwicklung von Haut, Federn, Nerven und Knochenmark.

Blausäure

Bittermandelartig riechende, stark giftige, die Atmungsenzyme inaktivierende chemische Substanz.

Bromelain

Eiweiß spaltendes Enzym, das u. a. zur Verdauung und zur Blutgerinnung beiträgt.

Chlor

Nicht metallisches Spurenelement; Chloridionen werden in Form von gelöstem Kochsalz (NaCl) aufgenommen und sind wichtig für das Säure-Basen-Gleichgewicht und helfen den Flüssigkeitswechsel zwischen den Zellen (Osmose) zu regulieren.

Chrom

Spurenelement; wird im Glukose-, Eiweiß- und Fettstoffwechsel sowie bei der Insulinproduktion benötigt.

Eisen

Spurenelement; wichtiger Bestandteil vieler Enzyme und zentraler Bestandteil des Hämoglobins und damit wichtig für die Sauerstoffversorgung des Körpers.

Enzyme

Kompliziert gebaute, hochmolekulare Eiweiße. Es sind Katalysatoren der lebenden Zelle, die schon in geringsten Mengen wichtige biochemische Reaktionen im Körper ermöglichen und steuern.

Ethylen

Einfachster ungesättigter Kohlenwasserstoff. Spielt als Phytohormon eine große Rolle im Obstbau.

Fettsäuren

Bestandteil von Fetten. Man unterscheidet gesättigte (hauptsächlich tierischen Ursprungs) und ungesättigte Fettsäuren (hauptsächlich pflanzlichen Ursprungs, z. B. Linolsäure und Ölsäure).

Folsäure

Wasserlösliches Vitamin der B-Gruppe; wird im Aminosäurestoffwechsel benötigt, wichtig bei der Zellteilung und für die Bildung der roten Blutkörperchen.

Fluor

Spurenelement; hilft beim Aufbau der Knochen.

Fruchtsäuren

Es gibt eine große Zahl organischer Fruchtsäuren, z. B. Apfel-, Wein- und Zitronensäure. Diese unterstützen das erfrischende Aroma der Früchte und wirken appetitanregend und verdauungsfördernd.

Fruktose

Eine auch als Fruchtzucker bezeichnete Zuckerverbindung, die – meist gemeinsam mit Traubenzucker (Glukose) – in süßen Früchten vorkommt. Sie besitzt die stärkste Süßkraft aller Zuckerarten.

Erfrischendes Obst

Fruchtsäuren verleihen vielen Obstsorten ihr erfrischendes Aroma

Gerbsäure

Adstringierende Säure; Hauptvertreter der Tannine.

Glukose

Eine auch als Traubenzucker oder Dextrose bezeichnete Zuckerverbindung, die in allen süßen Früchten – meist zusammen mit Fruchtzucker (Fruktose) – vorkommt.

Hypervitaminose

Schädigung des Körpers durch zu reichliche Vitaminzufuhr. Vitamin-Überdosierungen sind generell nur bei fettlöslichen Vitaminen (A, D, E, K) möglich, die im Körper gespeichert werden. Bei Papageien werden Hypervitaminosen bei ständig überhöhter Zufuhr von Vitamin A und Vitamin D_3 beobachtet.

Jod

Spurenelement; ist lebensnotwendig für die Funktion der Schilddrüse.

Kalium

Mineralstoff, welcher in Körperflüssigkeiten vorkommt. Wichtig für die Aufrechterhaltung des Flüssigkeitshaushalts und für den Transport der Nährstoffe im Körper.

Kalzium

Mineralstoff, der sich im Körper in den Knochen einlagert. Wird zum Knochenaufbau benötigt und ist in nahezu allen Früchte- und Gemüsesorten enthalten. Wichtig bei Impulsen zwischen Nervenzellen und der Muskelkontraktion.

Kobalt

Spurenelement; Bestandteil des Vitamin B_{12}.

Kohlenhydrate

Aus Kohlenstoff, Wasserstoff und Sauerstoff bestehende organisch-chemische Verbindungen. Zu ihnen zählen unter anderem die verschiedenen Zuckerverbindungen, Stärke und Zellulose.

Begriffserklärungen

Lezithin

Phosphorhaltige, fettähnliche Verbindung, die in allen Zellen enthalten ist.

Magnesium

Mineralstoff; mobilisiert die Enzyme, welche im Fett-, Kohlenhydrat- und Eiweißstoffwechsel benötigt werden. Essentieller Bestandteil von Knochen, wichtig bei der Muskelrelaxation. Magnesium ist außerdem das Gegenion zum ATP^{4-}, dem „Hauptakku" für chemische Energie im Körper.

Mangan

Spurenelement; wird für das Knochen- und Knorpelwachstum benötigt.

Mineralstoffe

Meist als Mineralsalze der chemischen Elemente wie Kalium, Kalzium, Magnesium, Phosphor usw. in den Lebensmitteln enthalten. Dienen dem Körperaufbau oder üben lebenswichtige physiologische Wirkungen aus.

Molybdän

Spurenelement; wichtiges Antioxidans.

Natrium

Mineralstoff; verhindert übermäßigen Wasserverlust im Körper und trägt so zum Gleichgewicht des Flüssigkeitshaushalts bei.

Niazin (Nikotinsäure)

Wasserlösliches Vitamin der B-Gruppe; wird benötigt für die Gesunderhaltung der Haut sowie die Funktionstüchtigkeit des Magen-Darm-Traktes und des Nervensystems.

Nikotinsäureamid

In manchen Gemüse- und Getreidesorten vorkommende chemische Verbindung mit Vitamincharakter; erfüllt zusammen mit Vitamin B_2 wichtige Funktionen im Zellstoffwechsel.

Pantothensäure

Wasserlösliches Vitamin der B-Gruppe; spielt eine Rolle bei der Gesunderhaltung der Haut, beim Wachstum und bei der Entwicklung des Nervensystems.

Papain

Eiweiß spaltendes Enzym.

Parasorbinsäure

Organische Säure, die als Bestandteil in Früchten, Samen und pflanzlichen Ölen vorkommt. Wirkt u.a. als Abwehrstoff gegenüber Bakterien.

Pektine

Aus mehreren Bestandteilen zusammengesetzte, kohlenhydratähnliche Stoffe, die zu den löslichen Ballaststoffen gehören. Verhindern die Aufnahme von Schwermetallen über den Darm. Verhindern die übermäßige Bildung von Cholesterin und unterdrücken Hungergefühle.

Phasin

Durch längeres Kochen zerstörbarer giftiger Eiweißbestandteil der Bohnen.

Phosphor

Mineralstoff; wird für Bildung, Wachstum und Erhaltung der Knochen und der roten Blutkörperchen benötigt.

Provitamine

Vorstufen von Vitaminen, die mit der Nahrung aufgenommen und im Organismus in Vitamine umgewandelt werden, z.B. Beta-Karotin als Provitamin A, das in Vitamin A umgewandelt wird.

Schwefel

Mineralstoff; ist ein wichtiger Bestandteil bei der Bildung von Hormonen. Schwefelhaltige Aminosäuren haben unter anderem eine wichtige Funktion bei der Kollagenbildung.

Bohne und Erbse

Bohnen enthalten das giftige Phasin, weshalb sie besser nicht in der Hülse angeboten werden sollten. Erbsen dagegen können bedenkenlos mit Hülse verfüttert werden.

Selen

Spurenelement; wichtiger Bestandteil von Enzymen, Antioxidans.

Silizium

Chemisches Element; wichtig für Knochenwachstum, Haut und Membranen.

Spurenelemente

Chemische Elemente, die in der Nahrung und in der Körpersubstanz in sehr geringen Mengen enthalten sind. Zu ihnen zählen unter anderem Fluor, Zink, Jod, Kobalt, Mangan, Molybdän und Selen. Spurenelemente sind lebensnotwendig.

Tannine

Aus Blattgallen von Pflanzen gewonnene Gerbsäuren.

Vitamin A

Retinol; fettlösliches Vitamin; in Pflanzen als Beta-Karotin (Provitamin A) enthalten; Bestandteil des Sehpurpurs, wichtig beim Zellwachstum. Da Vitamin A im Körper gespeichert wird, kann es zu Hypervitaminosen kommen.

Vitamin B_1

Thiamin; wasserlösliches Vitamin; wird benötigt für Schilddrüsenfunktion, Nerventätigkeit, Abbau der Kohlenhydrate usw.

Vitamin B_2

Riboflavin; wasserlösliches Vitamin; verantwortlich für Stoffwechselvorgänge, Entwicklung von Eiern und Jungvögeln usw.

Vitamin B_6

Pyridoxin; wasserlösliches Vitamin; wichtig für

Weintrauben

Weintrauben sind sehr vitaminreich; sie enthalten fast alle Vitamine der B-Gruppe sowie Vitamin C

die Bildung roter Blutkörperchen und zur Verhütung von Blutarmut.

Vitamin B_{12}

Cobalamin; wasserlösliches Vitamin; lebensnotwendig für die Funktionen aller Zellen; wird für die Funktionsfähigkeit des Nervensystems und der inneren Organe benötigt.

Vitamin C

Ascorbinsäure; wasserlösliches Vitamin; schützt das Immunsystem, hilft bei Ermüdung, schlechter Wundheilung und bei Blutungen usw.; Antioxidans.

Vitamin D

Calciferol; fettlösliches Vitamin; nötig für die Resorption von Kalzium und Phosphor und zum Aufbau von Knochen und Blut. Wird im Körper aus Vorstufen gebildet, wobei das Sonnenlicht zur Umwandlung des Provitamins in Vitamin D dient. Da Vitamin D im Körper gespeichert wird, kann es zu Hypervitaminosen kommen.

Vitamin E

Tocopherol; fettlösliches Vitamin; wird zur Resorption bestimmter Fette vom Körper benötigt und reguliert den Sauerstoffverbrauch. Antioxidans.

Vitamin K

Fettlösliches Vitamin; Bestandteil der Blutgerinnungskaskade. Wird für die Futtermittelindustrie auch als künstliches Vitamin K_3 hergestellt, dessen Nutzen bzw. Schaden umstritten ist.

Zink

Spurenelement. Bestandteil von Enzymen; wichtig für Zellwachstum, Immunsystem und bei der Bildung von Testosteron.

Zucker

Zusammenfassende Bezeichnung für eine Reihe einfach gebauter Kohlenhydrate, die gut wasserlöslich sind und süß schmecken. Die wichtigsten Zucker sind Glukose, Fruktose und Saccharose. Zucker sind leicht verdauliche Energiespender.

Erläuterungen zu den Kurzmonographien

1. Symbole und Tabellen

Verschiedene Symbole und Tabellen erleichtern dem Leser, wichtige Informationen schnellstmöglich zu erfassen.

a. Vogelsymbole

Die Vogelsymbole verdeutlichen – über die im Text gemachten Angaben hinaus –, für welche Papageiengruppen die jeweils vorgestellte Obst- oder Gemüsesorte besonders geeignet ist. Dabei wurde folgende Einteilung vorgenommen:

Die Angaben können natürlich nicht den Anspruch der Vollständigkeit erheben, auch können sie nicht in letzter Instanz objektiv sein, da jeder Vogel ein Individuum mit ganz persönlichen Eigenschaften und Vorlieben ist. Wenn also z. B. zehn Gelbbrustaras gerne Kiwis fressen, muss dies nicht bedeuten, dass der elfte dies auch tut. Hinzu kommen selbstverständlich noch die individuellen Unterschiede verschiedener Sorten mit unterschiedlichem Aroma und/oder abweichender Qualität; so wird etwa ein an „Chiquita"-Bananen gewöhnter Vogel jede andere Banane fressen, ein mit kleinen Bananen aus ökologischem Anbau verwöhnter Papagei aber wird die „Chiquita" auf Grund ihres vergleichsweise mangelhaften Aromas und Geschmacks vermutlich verschmähen.

An dieser Stelle muss auch erwähnt werden, dass besonders bei Graupapageien (*Psittacus erithacus*) von vielen Haltern und Züchtern beobachtet wurde, dass aus der Natur entnommene Vögel in ihren Ernährungsgewohnheiten wesentlich konservativer sind als Nachzuchttiere. Dies erscheint logisch und trifft sicher auch auf andere Arten zu.

Die Vogelsymbole sollen nicht nur aufzeigen, welche Früchte- und Gemüsesorten von den Papageien und Sittichen üblicherweise gefressen werden, sondern sie sollen auch und vor allem eine Ernährungsempfehlung darstellen. So wurde beispielsweise bei den verschiedenen Nüssen, die durchwegs recht fetthaltig sind, auf die Angabe der Symbole „Amazonen", „Kakadus", „Wellensittiche" und „Edelpapageien" verzichtet, da diese Vögel leicht zur Verfettung neigen.

b. Saisonkalender

In einer Übersichtstabelle wird die Verfügbarkeit der Früchte- und Gemüsesorten dargestellt. In diesem „Saisonkalender" wird die Zeit des starken Angebotes (günstigere Preise) dunkel dargestellt, die Zeit des geringeren Angebotes (höhere Preise) hell. Zu beachten ist hierbei, dass sich diese Angaben keineswegs in allen Fällen mit den Zeiträumen des tatsächlichen Anbaus decken; sie stellen lediglich die Verfügbarkeit auf unseren mitteleuropäischen Märkten dar.

Beispiel:

Apfelsine

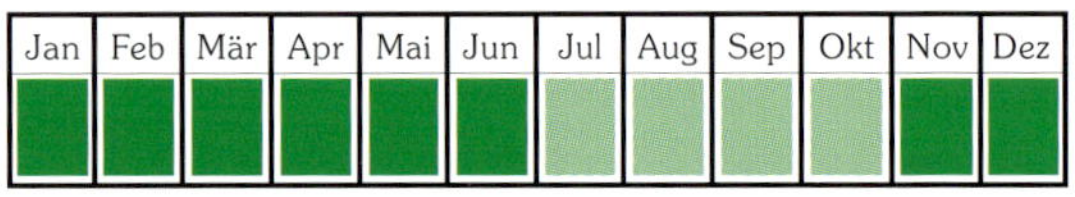

2. Fütterungshinweise

Die in den einzelnen Kurzmonographien im Unterkapitel „Fütterungshinweise" getroffenen Aussagen beanspruchen nur bedingt Vollständigkeit, besonders was die Akzeptanz der jeweiligen Früchte- oder Gemüsesorte bei einzelnen Papageien- oder Sitticharten anbelangt. Die hier beschriebenen Informationen geben lediglich die vom Autor selbst gemachten bzw. von anderen Haltern und Züchtern weitergegebenen Erfahrungen wieder.

3. Auswahl der Früchte- und Gemüsesorten

Um den Rahmen des Buches nicht zu sprengen, wurden nur Früchte- und Gemüsesorten ausgewählt, welche für die Verfütterung an Papageien, Sittiche und Loris relevant und überdies auf unseren mitteleuropäischen Märkten relativ gut verfügbar sind.

Insbesondere unter den Zitrusfrüchten gibt es eine große Vielzahl von Varietäten. Da eine Unterscheidung von **Mandarinen**, **Clementinen** und **Satsumas** oder von **Orangen** und **Apfelsinen** (um nur wenige Beispiele aus größeren Komplexen zu nennen) für die Fütterung unserer Psittaziden nicht ausschlaggebend ist, wurden die beiden genannten Komplexe auf die Vorstellung von „Clementine" und „Apfelsine" beschränkt.

Auch bei anderen Arten, die durch Züchtungen und Kreuzungen verschiedene Varietäten oder Unterarten ausgebildet haben, wurde jeweils lediglich eine Sorte für die Beschreibung ausgewählt (Beispiele: **Pfirsich/Nektarine**, hier: Pfirsich; **Pflaume/Zwetschge/Mirabelle/Reineclaude**, hier: Pflaume; **Passionsfrucht/Maracuja**, hier: Maracuja).

Die verschiedenen **Nüsse** (z. B. **Erdnuss, Walnuss, Paranuss** etc.) wurden – wenn sie auch nicht im umgangssprachlichen Sinne zum Obst gezählt werden – in den Monographien des Obstes eingeordnet, da es sich bei ihnen um „Früchte" handelt. Am Rande erwähnt sei hierzu noch, dass es sich bei den wenigsten dieser Arten im botanischen Sinne wirklich um Nüsse handelt – auch wenn sie die Endsilbe „-nuss" im Namen tragen.

Da der Verfütterung von Gemüse an unsere Papageien im Vergleich zum Obst im Allgemeinen eine geringere Bedeutung zukommt, wurden die Monographien der Gemüsesorten ein wenig kürzer gefasst und ihre Auswahl auf wesentliche Arten konzentriert. Auf die Vorstellung von Arten, die im botanischen wie im kulinarischen Sinne zum Gemüse gehören, für den Vogelhalter allerdings unter die Kategorie „Futterpflanzen" fallen, wie z. B. **Löwenzahn** (*Taraxacum officinale*) oder **Topinambur** (*Helianthus tuberosus*), wurde an dieser Stelle verzichtet, da hierüber an anderer Stelle ausführlich berichtet wird (vgl. SCHNABL 1999).

Kurzmonographien der Obstsorten

Apfel

Der Apfel wächst auf allen Kontinenten; er zählt zu den am längsten kultivierten Früchten der Erde. Schon in der Antike galt er als Symbol der Fruchtbarkeit; in der christlichen Mythologie ist er die verbotene Frucht der Erkenntnis.

Herkunft und Geschichte

Die genaue Herkunft ist unbekannt. Alle heutigen Apfelsorten – es gibt mehrere Tausend – gehen auf die Form *Malus domestica* zurück, die ihrerseits wahrscheinlich aus dem **Zwergapfel**, *Malus pumila*, und dem sibirischen **Holzapfel**, *Malus silvestris*, entstanden ist.

Lagerung

Im kühlen, dunklen Keller stellt auch die längerfristige Lagerung der Äpfel kein Problem dar, solange sie nicht über-, sondern nebeneinander gelagert werden. Der Verlust von Feuchtigkeit macht die meisten Äpfel „schrumpelig"; doch auch dann werden sie von unseren Gefiederten noch gerne angenommen.

Inhaltsstoffe

Äpfel enthalten wenig Eiweiß, viel Wasser, wenig Kohlenhydrate, unbedeutende Mengen an Fettsäuren in der Schale und jede Menge an Vitaminen und Spurenelementen, vor allem Vitamin C.

Verfügbarkeit

Da der Apfel, wie bereits erwähnt, weltweit in großen Mengen angebaut wird, ist er jederzeit zu sehr moderaten Preisen erhältlich und stellt aus diesem Grund wahrscheinlich das „beliebteste" Vogelobst dar. Die in unseren Breiten angebotenen Äpfel stammen meist aus dem Bodenseeraum oder aus Südtirol. Eine günstige Alternative stellt natürlich der Anbau im eigenen Garten dar, wo dann im Spätherbst der Zeitpunkt der Ernte gekommen ist.

Bauers Ringsittich

Fütterungshinweise

Der Apfel enthält keine unverzehrbaren Teile – deshalb kann er unseren Papageien in allen möglichen Formen gereicht werden: sei es „schnabelgerecht“ in kleine Stücke geschnitten in einer Schale, wahlweise auch vermischt mit dem Körner- oder anderem Futter, im Ganzen auf einen Nagel oder ähnliches „aufgespießt“ oder mit Hilfe eines Stückes Draht aufgehängt. Die meisten Vögel lieben es, aus den ganzen Äpfeln Stück für Stück das saftige Fruchtfleisch herauszubeißen.

Nicht bewährt hat sich das Darreichen geviertelter Äpfel. Selbst kleinere Papageienarten versuchen, solche Apfelviertel „wegzuschleppen“; meist werden diese aber irgendwann zu schwer oder zu unhandlich und fallen schließlich zu Boden, wo sie in der Regel liegen bleiben. Da zumindest gekaufte Äpfel meist gespritzt sind, sollten sie vor der Verfütterung gut gewaschen werden.

Jan	Feb	Mär	Apr	Mai	Jun	Jul	Aug	Sep	Okt	Nov	Dez

Fütterungseignung

Der Apfel ist eine der wenigen Obstsorten, deren Fütterung sich für nahezu alle Papageien eignet und selbst die Verfütterung an Loris und Wellensittiche einschließt.

Gesunder Apfelgenuss

- Äpfel fördern den Stoffwechsel
- Äpfel entfalten im Organismus vorbeugende, heilende Kräfte
- die Apfelschale enthält wertvolle ungesättigte Fettsäuren, Magnesium, Karotine und Eisen
- Äpfel sind reich an Kalium.

Apfelsine

Die Apfelsine (*Citrus sinensis*) – im Volksmund besser als **Orange** bekannt – ist eine der bedeutendsten Vertreterinnen der Rautengewächse (Rutaceae). Sie zählt zu den am meisten vermarkteten Obstsorten der Welt.

Herkunft und Geschichte

„Apfelsine“ bedeutet so viel wie „Apfel aus China“ – womit die Herkunft des „goldenen Apfels“ bereits geklärt wäre. Bereits vor etwa 3.000 Jahren wurde die Zitrusfrucht zwischen Nordostindien und Südwestchina kultiviert. In der zweiten Hälfte des 15. Jahrhunderts brachten die Portugiesen die Pflanze in den Mittelmeerraum. Durch Kolumbus gelangte die Orange 1493 nach Haiti, von wo aus sie sich über das südliche Nordamerika ausbreitete. Die bedeutendsten Apfelsinenproduzenten sind heute Spanien, die USA, Brasilien, Mexiko und Israel. Im Laufe der Jahrhunderte entstand eine schier unendliche Vielfalt verschiedener Sorten, die in Aussehen und Geschmack mitunter sehr stark variieren.

Lagerung

Bei Zimmertemperatur halten sich reife Früchte (sie sind schwer und groß, weisen keine Druckstellen auf und fühlen sich nicht ganz hart an) etwa eine Woche, im Kühlschrank auch länger. Die Farbe spielt – weil sie oft sortenabhängig ist – keine große Rolle. Man sollte beim Kauf darauf achten, nur unbeschädigte Früchte zu erhalten – dies ist gerade bei Netzware oftmals nicht gewährleistet.

Inhaltsstoffe

Als äußerst vitaminreiche Frucht enthält die Orange bedeutende Mengen an Vitamin C und Provitamin A sowie Vitamine der B-Gruppe, vor allem Biotin und Folsäure. Außerdem hat sie einen ho-

Guayaquilsittich

Grünzügelpapagei

hen Gehalt an Mineralstoffen, vor allem Kalium, Kalzium und Phosphor. Orangen wirken belebend.

Verfügbarkeit

Obwohl Zitrusfrüchte im Allgemeinen besonders in der kalten Jahreszeit angeboten und auch verzehrt werden, sind besonders die Orangensorten ganzjährig bei uns erhältlich. Die Hauptverkaufszeit liegt zwischen November und Juni.

Fütterungshinweise

Da die meisten Apfelsinen in großen Monokulturen angebaut werden und der Einsatz von Kunstdünger und Chemikalien besonders intensiv ist, müssen sie in jedem Fall sehr gründlich von Schale und Haut befreit werden, bevor man sie – am besten klein geschnitten im „Obstsalat" mit Stücken anderer Früchte vermischt – den Papageien und Sittichen anbietet. Größere Papageien nehmen auch ganze Fruchtsegmente an; zahme Vögel nehmen diese gerne aus der Hand. Süßere Sorten werden meist bevorzugt; am besten wählt man Navel- oder Valencia-Orangen. Meist „lutschen" die Vögel den Saft aus den Früchten, die Haut der Segmente und das ausgedrückte Fruchtfleisch werden fallen gelassen. Nach meinen eigenen Erfahrungen sind besonders afrikanische Graupapageien (*Psittacus erithacus*) und Langflügelpapageien (*Poicephalus* spp.) für die süßen Zitrusfrüchte zu begeistern. Der frisch gepresste Saft eignet sich hervorragend zum Beimengen bei der Loribreizubereitung.

Jan	Feb	Mär	Apr	Mai	Jun	Jul	Aug	Sep	Okt	Nov	Dez

Aprikose

Die Aprikose (*Prunus armeniaca*) gehört zu der mehr als 3.000 Arten zählenden Familie der Rosengewächse (Rosaceae).

Herkunft und Geschichte

Heimat der Aprikose ist China, bereits um 2000 v. Chr. wurde sie dort auch kultiviert. Ihr wissenschaftlicher Name beruht auf dem Irrtum, sie würde aus Armenien stammen, wo Alexander der Große die Frucht einst kennen gelernt hatte. In den arabischen Ländern wird die Aprikose besonders geschätzt. Sie ist heute in allen subtropischen Gebieten der Erde verbreitet.

Lagerung

Um nicht an mehlige oder fad schmeckende Früchte zu geraten, sollte man beim Einkauf unbeschädigte, nicht zu harte und nicht zu weiche Ware auswählen. Beschädigte Aprikosen verderben schnell, weshalb man mit den Früchten sorgsam umgehen muss. Noch etwas harte Aprikosen können bei Zimmertemperatur nachreifen; ausgereift halten sie im Kühlschrank einige Tage. Blanchiert, geschält und entsteint können sie gut eingefroren werden.

Inhaltsstoffe

Neben Provitamin A haben die in Österreich auch als **Marillen** bekannten Früchte einen überdurchschnittlich hohen Gehalt an Vitaminen des B-Komplexes und an Vitamin C.

Verfügbarkeit

Die Saison der Aprikosen beginnt Anfang Mai und endet Anfang September. Der Höhepunkt des Angebotes liegt im Juni/Juli; es handelt sich

Halsbandsittich

hier weitgehend um südeuropäische Ware. Deutsche Ernteerträge sind ab Anfang Juli auf den Märkten zu finden. Von Dezember bis März werden in sehr begrenztem Umfang Früchte aus Chile, Südafrika und Neuseeland angeboten.

Fütterungshinweise

Um die langen Transportwege besser zu überstehen, werden die empfindlichen Aprikosen

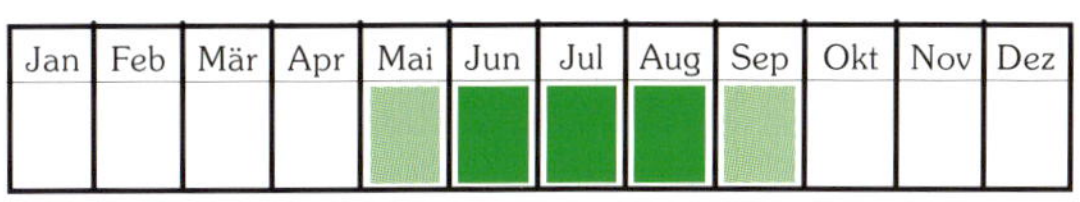

oftmals unreif geerntet. Solche Früchte schmecken häufig mehlig und werden von den Papageien meist abgelehnt. Man sollte also in jedem Falle „vorkosten“, bevor die Sommerfrüchte an die Vögel verfüttert werden. Saftig-süße und aromatische Aprikosen werden von nahezu allen Papageien gerne gefressen. Der Stein enthält viel Blausäure und muss deshalb auf jeden Fall entfernt werden. Halbierte Früchte werden auf einem Ast aufgespießt oder zu Obstsalat verarbeitet. Da die Aprikose eine ausgesprochene Saisonfrucht ist, stellt sie in den Sommermonaten eine willkommene Abwechslung auf dem Speiseplan der Psittaziden dar.

Banane

Bananenpflanzen sind mehrjährige Stauden, die meist 5 bis 9 m hoch werden. Die Familie der Bananengewächse (Musaceae) gliedert sich in sechs Gattungen mit insgesamt etwa 220 Arten. Für den europäischen Markt sind besonders die **Obstbananen** der Sektion Eumusa der Gattung *Musa* von Bedeutung. Viele der verschiedenen Sorten der **Kulturbanane** (*Musa x paradisiaca*) sind durch Kreuzung zweier Wildarten, *Musa acuminata* und *Musa balbisiana*, entstanden. Die Banane gilt als das Obst mit der weltweit höchsten Produktion.

Jan	Feb	Mär	Apr	Mai	Jun	Jul	Aug	Sep	Okt	Nov	Dez

Herkunft und Geschichte

Die ursprünglich im indomalaiischen Raum beheimatete Banane ist wahrscheinlich fast eine Million Jahre alt. Sie zählt zu den ältesten Kulturpflanzen der Welt und wurde bereits um 600 v. Chr. in Indien erwähnt. Arabischen Kaufleuten verdankt die Banane ihre sehr frühzeitige Verbreitung auf dem afrikanischen Kontinent. Von hier aus nahmen sie spanische und portugiesische Seefahrer Anfang des 16. Jahrhunderts mit auf ihre Seefahrten und bereiteten somit den Siegeszug der Banane als „Kulturpflanze Nummer 1" in der gesamten Karibik und auf dem mittel- und südamerikanischen Festland vor.

Rotlori

Lagerung

Bananen werden am besten bei Zimmertemperatur aufbewahrt. Durch Einwickeln in Zeitungspapier wird der Reifeprozess beschleunigt, Lagerung im Kühlschrank verlangsamt ihn. Allerdings verlieren die Früchte in der Kälte schnell an Aroma.

Inhaltsstoffe

Die „Paradiesfrüchte", wie sie in Indien genannt werden, sind reich an Kalium, Provitamin A und den Vitaminen C und B_6. Zudem enthalten sie viele Kohlenhydrate, was (bei Mensch und Tier) zu einer schnellen Sättigung führt.

Verfügbarkeit

Da Bananen ganzjährig geerntet werden, sind sie jederzeit zu konstanten Preisen erhältlich.

Fütterungshinweise

Der konventionelle, fast ausschließlich in Monokultur betriebene Bananenanbau ist in der Regel sehr chemieintensiv, weshalb die süßen Früchte unseren Gefiederten nur in Maßen angeboten werden sollten, es sei denn, man leistet sich den Luxus des Einkaufs im Naturkostladen. (Kritisch betrachtet, hat der kommerzielle Bananenanbau den Lebensraum vieler neotropischer Papageienarten zerstört oder zumindest stark beeinträchtigt!) Die Frucht wird im nicht zu überreifen Zustand gerne von den Psittaziden verzehrt. Am besten halbiert man die Bananen längs und schneidet sie dann in dünne Scheiben, die anschließend mit anderen kleingeschnittenen Früchten vermischt werden. Aufgrund ihres weichen Fruchtfleisches eignen sich reife Bananen auch hervorragend als Zusatz zum Loribrei.

Baumtomate

Die Baumtomate (*Cyphomandra betacea*), auch als **Tamarillo** bekannt, sieht aus wie eine große eiförmige Tomate mit glatter, dünner weinroter Schale. Die Frucht enthält zahlreiche schwarze Kerne.

Herkunft und Geschichte

Die zur Familie der Nachtschattengewächse gehörende, drei bis fünf Meter hoch werdende Baumtomate stammt aus der Andenregion Perus; sie wächst wild von Nordvenezuela bis Argentinien. Heute wird die Frucht überall in tropischen Höhenlagen oberhalb 1.000 Meter kultiviert, wächst aber auch in gemäßigten frostfreien Tieflagen. So wird sie mittlerweile auch in Italien angebaut.

Lagerung

Bei sorgsamer Behandlung sind Baumtomaten gut transport- und lagerfähig. Da sie druckempfindlich sind, sollten sie einzeln aufbewahrt werden. Noch nicht ganz ausgereifte Früchte werden bei Zimmertemperatur gelagert. Ausgereift halten sie im Kühlschrank – einzeln in perforierte Plastiktüten verpackt – noch drei bis fünf Tage. Tamarillos sind tiefkühlgeeignet.

Jan	Feb	Mär	Apr	Mai	Jun	Jul	Aug	Sep	Okt	Nov	Dez

Inhaltsstoffe

Baumtomaten sind eine gute Quelle für Vitamin C, Provitamin A und Vitamine der B-Gruppe. Sie enthalten Kalzium, Kalium, Natrium, Magnesium, Eisen und Phosphor.

Verfügbarkeit

In kleinen Mengen kommen Tamarillos ganzjährig per Luftfracht auf unsere Märkte. Obwohl sie in vielen Ländern der Erde angebaut werden, ist Kolumbien heute der einzige nennenswerte Lieferant. Nur sporadisch sind Früchte aus Neuseeland, Ecuador und Kenia bei uns im Handel.

Fütterungshinweise

Unreife Baumtomaten schmecken recht herb, vollreife, auf Druck leicht nachgebende Früchte dagegen herbsüß-aromatisch. Deshalb sollten nur letztere unseren Papageien angeboten werden. Bevor man die Tamarillo längs in zwei Hälften teilt, wird die bittere Haut entfernt. Das Fruchtfleisch wird vor allem von Nektar fressenden Papageien, zum Beispiel Loris, mit Vorliebe aus den halbierten Früchten „herausgelöffelt". Einen erfrischend-tropischen Fruchtsalat, der vor allem bei neotropischen Papageien und Sittichen gut ankommt, kann man aus Baumtomaten, Datteln, Bananen und Birnen mischen. Der Saft der Tamarillo hinterlässt hartnäckige Flecken, weshalb sie nur an gut zu reinigenden Stellen verfüttert werden sollte.

Birne

Nicht nur die alten Griechen schätzten bereits die aromatische, meist tropfenförmige gelbgrüne bis bräunliche Frucht des Birnbaums (*Pyrus communis*). Auch bei den Ägyptern, Römern und Chinesen genoss sie hohes Ansehen.

Herkunft und Geschichte

Noch bevor Homer und Aristoteles sie in ihren Schriften erwähnten, wurde die Birne bereits vor über 3.000 Jahren am Mondsee (Österreich) und in Unteruhldingen am Bodensee kultiviert. Ihr Ursprung liegt im Kaukasus, in Transkaukasien und Anatolien. Vor allem die Wildarten *Pyrus pyraster* und *Pyrus nivalis* waren an der Entstehung der **Kulturbirne** *Pyrus communis* beteiligt. Heute werden Birnen weltweit kultiviert, wobei allein in China etwa 40 Prozent der Weltproduktion angebaut werden. Es gibt über 1.000 Sorten, bei denen es sich zum größten Teil um Mutationsformen handelt. Die Früchte der bis zu 20 Meter hohen Bäume werden meist geerntet, bevor sie vollreif sind.

Lagerung

Birnen sind nur begrenzt lagerfähig; besonders reife Früchte sind zum schnellen Verbrauch bestimmt. Sie sollten einzeln und getrennt von anderen Lebensmitteln aufbewahrt werden, da sie sonst schnell an Aroma verlieren. Deshalb scheidet die Kühlschranklagerung in aller Regel aus. Beim Einkauf achte man auf glatte und feste, aber nicht zu harte Früchte. Überreife Birnen lassen sich an weichen Stellen rund um den Stiel erkennen.

Inhaltsstoffe

Birnen besitzen einen dem Apfel recht ähnlichen hohen ernährungsphysiologischen Wert. Sie haben einen etwas höheren Gehalt an Kohlenhydraten, Eiweiß und Faserstoffen, dafür geringeren Gehalt an Fett und Fruchtsäure, weshalb Birnen meist recht süß schmecken. Sie enthalten viel Kalium, Vitamin B_2 und Folsäure.

Bild S. 26: Grünschwanzlori

Verfügbarkeit

Da die einzelnen Sorten unterschiedliche Erntezeiten haben, sind einheimische Früchte über einen längeren Zeitraum (August bis Oktober) erhältlich. Importierte Früchte sind nahezu ganzjährig auf den Märkten zu finden.

Fütterungshinweise

Wie bereits erwähnt, schmecken Birnen besonderes süß. Deshalb werden sie von den meisten Papageien- und Sitticharten mit Begeisterung aufgenommen. Einige Sorten werden mit zunehmendem Reifegrad recht matschig. Man sollte diese deshalb zu einem Zeitpunkt verfüttern, zu dem sie sich noch fest anfühlen; sie werden sonst in aller Regel schlecht oder gar nicht gefressen. Da die Früchte meistens gespritzt werden, tut man gut daran, sie sorgfältig abzuwaschen. Halbiert auf einem Ast aufgespießt, werden sie gerne genommen. Weil das Fruchtfleisch recht weich und saftig ist, kann es auch gut zur „Aufwertung“ des Loribreis dienen. Oft werden Birnen klein geschnitten im „gemischten Obstsalat“ den Vögeln angeboten.

Jan	Feb	Mär	Apr	Mai	Jun	Jul	Aug	Sep	Okt	Nov	Dez

Brombeere

Nach einer alten griechischen Legende ist die Brombeere (*Rubus fruticosus*) aus dem im Kampf der Titanen gegen die Götter verspritzten Blut entstanden.

Herkunft und Geschichte

Tatsächlich wissen wir, dass ihre ursprüngliche Heimat in den Wäldern Eurasiens und Nordamerikas liegt. Als wild wachsende Pflanze ist die Brombeere heute überall auf der Welt zu Hause, wo ein gemäßigtes Klima herrscht. Es gibt unzählige Varietäten der stacheligen Pflanze. Erst seit dem 19. Jahrhundert wird die Brombeere kultiviert. Seit längerer Zeit gibt es auch stachellose Sorten, die das Pflücken erheblich erleichtern.

Lagerung

Brombeeren sind sehr leicht verderblich; es bildet sich schnell Schimmel an ihnen. Daher sind sie stets zum schnellen Verbrauch bestimmt. Nicht ganz einwandfreie Früchte müssen sofort aussortiert werden. Auch im Kühlschrank sind sie nur sehr begrenzt haltbar. Da Brombeeren leicht Wasser aufnehmen, sollten Früchte aus dem eigenen Garten gar nicht, gekaufte Früchte nur kurz abgebraust werden. Brombeeren können eingefroren werden; man sollte sie dann allerdings einzeln anfrieren und erst danach in einen Sammelbehälter füllen.

Inhaltsstoffe

Brombeeren enthalten außer Kalium, Magnesium und Kupfer bedeutende Mengen an Provitamin A und Vitamin C.

Verfügbarkeit

An den weiß bis rosenrot gefärbten Blüten bilden sich bei den heimischen Pflanzen zwischen Juli und August die schwarzrot bis glänzend schwarzen Beeren. Auf Grund der bereits erwähnten kurzen Haltbarkeit sind sie somit nur zwischen Mitte Juli und Anfang Oktober erhältlich. Im Winterhalbjahr ist bei uns vereinzelt importierte Ware aus USA, Neuseeland, Chile, Guatemala und Mexiko zu bekommen.

Fütterungshinweise

Wegen ihrer leichten Verderblichkeit muss unbedingt darauf geachtet werden, dass den Papageien nur makellose Früchte angeboten werden. Frische Brombeeren erkennt man daran, dass sie glatt, glänzend und fest sind. Am besten verfüttert man selbst angebaute Beeren. Haben die gekauften (und notgedrungenermaßen gewaschenen) Früchte Wasser aufgenommen, werden sie nicht mehr so gerne gefressen. Brombeeren müssen im Ganzen angeboten werden, aufgeschnitten werden sie schnell matschig und verderben. Zahmen Papageien können die Früchte aus der Hand gegeben werden; auf Grund ihrer leicht herb-süßen Note werden sie meist gerne angenommen. Manche Papageien verschmähen die kleine Frucht allerdings – vielleicht wegen ihrer dunklen Färbung. Es ist zu bedenken, dass bei der Verfütterung von Brombeeren viel Schmutz entstehen kann; hinuntergeworfene oder liegen gelassene Früchte sind noch am selben Tag zu entfernen.

Jan	Feb	Mär	Apr	Mai	Jun	Jul	Aug	Sep	Okt	Nov	Dez

Cherimoya

Die Cherimoya ist die 8 bis 15 cm große, runde bis herzförmige Frucht des Flaschenbaumes (*Annona cherimola*) und gehört zur Familie der Schuppenapfelgewächse (Annonaceae).

Herkunft und Geschichte

Die Frucht, die zu den schmackhaftesten Tropenfrüchten zählt, stammt aus den Höhenlagen der Anden Südkolumbiens, Ecuadors und Nordperus. In prähistorischen Gräbern der Andenregion wurden Nachbildungen der Cherimoya aus Terrakotta gefunden. Sie wurde schon früh nach Zentralamerika, Mexiko und Jamaika gebracht und gedeiht heute in allen für sie geeigneten Regionen der Erde, am besten in tropischen Höhenlagen oder den frostfreien Subtropen, so auch in Afrika, Spanien, Israel und im Fernen Osten.

Lagerung

Die kurz vor der Vollreife geernteten Früchte vertragen keine Lagertemperaturen unter 14 °C; von einer Aufbewahrung im Kühlschrank ist also abzuraten. Da vollreife Cherimoyas schnell verderben und sehr druckempfindlich sind, kauft man am besten wohlriechende, makellose Früchte, die auf leichten Fingerdruck nachgeben. Diese müssen dann schnell verarbeitet werden. Gegebenenfalls wickelt man die Früchte in Zeitungspapier ein und lässt sie bei Zimmertemperatur nachreifen.

Inhaltsstoffe

Die Cherimoya ist sehr nahrhaft, da sie etwa zu einem Viertel aus Kohlenhydraten, insbesondere Traubenzucker, besteht. Außer Vitamin B_1 und B_2 enthält sie reichlich Vitamin C sowie Niazin. Bei den Mineralstoffen sind besonders Kalzium, Phosphor und Eisen zu nennen.

Jan	Feb	Mär	Apr	Mai	Jun	Jul	Aug	Sep	Okt	Nov	Dez

Verfügbarkeit

Die Hauptangebotszeit der Früchte liegt im Herbst und Winter; durch Importe aus verschiedenen Regionen der Erde (Spanien, Israel, Kalifornien, Mexiko, Chile, Brasilien) sind sie inzwischen aber auch ganzjährig zu bekommen.

Fütterungshinweise

In Größe, Farbe und Form erinnert die Cherimoya ein wenig an einen Apfel, während ihr Aroma an Birnen und Mangos denken lässt. Insofern findet die Cherimoya wohl unter allen Papageiengattungen ihre „Liebhaber“. Nach meinen eigenen Erfahrungen wurde die tropische Frucht bislang von keinem Vogel verschmäht. Die Cherimoya wird am besten halbiert angeboten, nachdem man die großen, schwarzen, in das weiche weiße bis cremefarbene Fruchtfleisch eingebetteten Samen entfernt hat. Sie enthalten Alkaloide und sind daher giftig. (Aus den Samen wird ein Insektizid gewonnen.)

Besonders im Winter – wenn die Preise für Cherimoyas meist ein wenig tiefer liegen und den Geldbeutel nicht zu arg belasten – sollten diese Früchte auf dem Speiseplan unserer Papageien stehen, denn sie stellen einen besonderen Leckerbissen dar.

Clementine

Die Clementine gehört zum Formenkreis der **Mandarine** (*Citrus reticulata*). Ihr Säure-Zucker-Verhältnis lässt sie süß schmecken. Beim Schälen entfalten die ätherischen Öle der kräftig orangefarbenen Schale ein intensives, angenehmes Aroma, das für uns untrennbar mit Weihnachten verbunden ist. Die Clementine hat im Gegensatz zur Mandarine keine oder nur wenige Kerne; ihre Schale lässt sich etwas schwerer ablösen als die der Mandarine.

Herkunft und Geschichte

Es gibt verschiedene Vermutungen über die Herkunft der Clementine. Oftmals wird sie als Zufallskreuzung zwischen der Mandarine und der **Pomeranze** (*Citrus aurantium*) beschrieben. Wahrscheinlicher ist jedoch, dass diese Frucht praktisch identisch ist mit der in den chinesischen Provinzen Guangxi und Guangdong angebauten Canton-Mandarine. Im Mittelmeerraum ist die Clementine heute die populärste und am besten wachsende Mandarinenvarietät. Hauptlieferant ist Spanien, mit Abstand gefolgt von Marokko, Italien, Griechenland, Frankreich und der Türkei.

Lagerung

Im Kühlschrank aufbewahrt, können Clementinen mindestens 10 Tage gelagert werden, bei 3-4 Grad Celsius und 90 % relativer Luftfeuchtigkeit sogar bis zu zwei Monaten. Bei Zimmertemperatur beginnen die Früchte schnell zu schimmeln.

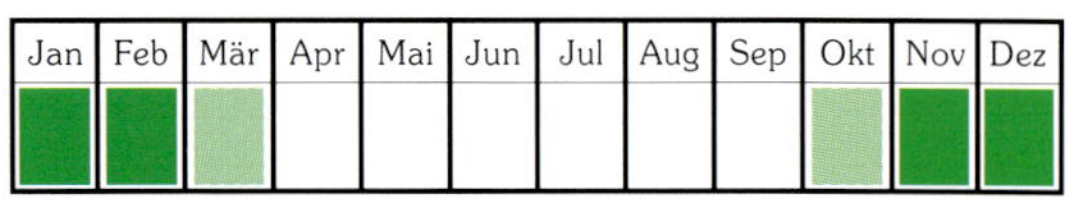

Graupapagei

Inhaltsstoffe

Wie alle Mandarinenformen enthält auch die Clementine nennenswerte Mengen an Vitamin C, Kalium, Kalzium, Fluor, Magnesium, Phosphor sowie Provitamin A und Vitamine des B-Komplexes. Ihr Fruchtzuckergehalt ist recht hoch.

Verfügbarkeit

Hauptverkaufszeitraum für Clementinen aus den Mittelmeerländern ist das Winterhalbjahr; durch Früh- und Spätsorten wird der Markt von Anfang Oktober bis Mitte Februar beliefert. Im Sommerhalbjahr sind wesentlich kleinere Mengen aus Südafrika, Argentinien und Uruguay erhältlich.

Fütterungshinweise

Die geschälten und von der weißen Haut weitgehend befreiten Früchte lassen sich leicht in die einzelnen Fruchtfächer zerlegen. Diese zerschneidet man in kleine Stücke; so werden sie besser von den Papageien angenommen. Clementinen sind nicht „jedervogels" Geschmackssache; Arten, die gerne süß-saftige Früchte zu sich nehmen (z. B. neotropische Papageien), fressen sie allerdings in der Regel gerne. Auch bei Graupapageien sind sie beliebt. Meist wird das Fruchtfleisch aus der dünnen Hülle der Fruchtfächer „herausgelutscht" und diese dann fallengelassen. Im Papageien-Obstsalat stellen sie in den Wintermonaten eine wertvolle Bereicherung dar. Der ausgepresste Saft findet beim Loribrei Verwendung.

Dattel

Datteln sind die Früchte der bis zu 30 m hohen Dattelpalme (*Phoenix dactylifera*), die im Alter von acht bis zehn Jahren zu fruchten beginnt, ab 30 Jahren ihre höchsten Erträge erreicht und oft erst mit 100 Jahren im Ertrag nachlässt.

Herkunft und Geschichte

Im nordafrikanischen Raum sowie in den Ländern des Nahen und Mittleren Ostens haben die Beerenfrüchte der Dattelpalme von jeher eine wichtige Bedeutung. In Babylonien und Ägypten kultivierte man die Dattelpalme bereits vor 5.000 Jahren. Sie wurde als heiliger Baum verehrt und galt als Symbol des Friedens. In der Bibel findet die Dattelpalme als „Baum des Lebens“ Erwähnung; in der römischen und griechischen Antike galten ihre Palmwedel als Siegessymbol. Die „Königin der Oase“, wie die Dattelpalme auch genannt wird, ist heute im gesamten Nahen und Mittleren Osten sowie in Nordafrika verbreitet. Vor etwa 200 Jahren wurde sie auch in die südlichen Staaten der USA gebracht. Frische Früchte werden hauptsächlich aus Israel importiert, Trockenfrüchte kommen aus dem Iran, Irak und den USA sowie einigen nordafrikanischen Staaten.

Lagerung

Die Lagerung getrockneter Datteln ist unproblematisch. Am besten bewahrt man sie kühl und trocken in einem luftdicht abgeschlossenen Behälter auf; so halten die Früchte bis zu einem Jahr. Frische Datteln können etwa zwei Wochen lang im Kühlschrank gelagert werden. Beim Kauf sollten sie prall aussehen, von gleichmäßiger Farbe sein und auf Fingerdruck leicht nachgeben.

Inhaltsstoffe

Datteln weisen den höchsten Fruchtzuckergehalt unter allen Früchten auf. Darüber hinaus enthalten sie vor allem reichlich Vitamin D, Eisen, Phosphor und Magnesium.

Verfügbarkeit

Bei den hierzulande angebotenen Früchten handelt es sich überwiegend um Trockendatteln, die ganzjährig verfügbar sind. Nur wenige der zahlreichen Arten werden bei uns angeboten. Die Hauptverkaufszeit liegt zwischen August und Januar.

Fütterungshinweise

Frische Datteln werden von unseren Papageien in der Regel nicht gern angenommen, Trockenfrüchte hingegen stellen einen besonderen Leckerbissen dar. Besonders bei Kakadus wurde bisweilen eine Vorliebe für Datteln beobachtet. Größeren Papageienarten reicht man einfach die ganzen, etwa fingerdicken und bis zu 10 cm langen Früchte. Die Vögel halten die Frucht mit dem Fuß fest und fressen sie bei Gefallen bis auf den Kern ab. Für kleine Papageien- und Sitticharten sollten die Datteln halbiert, entkernt und klein geschnitten werden. Ganze Früchte werden von ihnen meist hinuntergeworfen, da sie zu „unhandlich“ sind.

Jan	Feb	Mär	Apr	Mai	Jun	Jul	Aug	Sep	Okt	Nov	Dez

Rotsteißkakadu

Ebereschenbeere

Die Beeren der Eberesche (*Sorbus aucuparia*), auch **Vogelbeeren** genannt, zählen zu den meistverfütterten Früchten, die von Vogelhaltern in freier Natur gesammelt werden.

Herkunft und Geschichte

Während die gewöhnliche Eberesche in allen gemäßigten Zonen der Erde verbreitet ist, liegt die Heimat der **Mährischen Eberesche** (*Sorbus aucuparia* var. *edulis*) in den Ostsudeten (Tschechien). Die Früchte Letzterer sind größer und nahezu frei von Bitterstoffen. Diese Varietät wurde bereits züchterisch bearbeitet und verbessert; sie wird heute als Wildobst genutzt.

Lagerung

Bei 0 °C und 80-85 % relativer Luftfeuchtigkeit können die Vogelbeeren einige Zeit gelagert werden; ansonsten sind sie nach der Ernte zum baldigen Verzehr bestimmt. Ebereschenbeeren sind gut geeignet zum Einfrieren.

Inhaltsstoffe

Die kleinen Beeren enthalten sehr viel Vitamin C, ferner Provitamin A, Sorbinsäure und Sorbit. Auf Grund des Gehaltes an Parasorbinsäure und Tannin sind die Früchte der gewöhnlichen Eberesche bitter, herb, sauer und adstringierend.

Graupapagei

Verfügbarkeit

Ebereschenbeeren werden nicht auf den Märkten angeboten; man ist auf eigene Ernten angewiesen. Ab Ende August bis in den Oktober hinein können die Beeren gesammelt werden. Da sich natürlich auch unsere einheimischen Vögel für die Früchte begeistern, sollte der Zeitpunkt für die Ernte allerdings nicht zu spät gewählt werden.

Fütterungshinweise

Obwohl diese Beeren aus der Familie der Rosengewächse (Rosaceae) im rohen Zustand nicht für den menschlichen Verzehr geeignet sind, stellen sie für unsere Papageien eine willkommene Delikatesse dar. Es gibt kaum eine Papageienart, die die leuchtend hellroten kleinen Beeren nicht mit Begeisterung aufnimmt. Besonders bei Graupapageien (*Psittacus erithacus*), die oftmals recht schwierig an Früchte zu gewöhnen sind, sind sie sehr beliebt. Vielleicht hat die gute Akzeptanz auch in diesem Fall – wie an anderer Stelle bereits beschrieben – etwas mit der Farbe Rot zu tun. Wegen der fehlenden Bitterstoffe werden die Beeren der Mährischen Eberesche meist von den Psittaziden bevorzugt. Beim Anpflanzen einer Eberesche im eigenen Garten kann dieser Aspekt berücksichtigt werden. Da auch eingefrorene Vogelbeeren von den Papageien gerne angenommen werden, können die Tiere ganzjährig mit diesen Früchten versorgt werden.

Jan	Feb	Mär	Apr	Mai	Jun	Jul	Aug	Sep	Okt	Nov	Dez
								■	■		

Erdbeere

Schon optisch ein Genuss, zählen die leuchtend roten Erdbeeren zu den beliebtesten Früchten.

Herkunft und Geschichte

Erdbeeren sind Waldpflanzen. Unsere heute angebauten großfrüchtigen Erdbeeren (*Fragaria x ananassa*) sind bereits vor über 200 Jahren aus wiederholten zufälligen Kreuzungen der kleinen amerikanischen **Scharlacherdbeere** (*Fragaria virginiana*) mit der großfrüchtigen **Chile-Erdbeere** (*Fragaria chiloensis*) entstanden. Die Frucht wird heute weltweit in gemäßigten Zonen kultiviert, vor allem aber in Europa. Die kleinfrüchtige **Monatserdbeere**, welche den ganzen Sommer hindurch bis zum Frosteintritt Früchte trägt, stammt von der heimischen **Walderdbeere** (*Fragaria vesca*) ab.

Lagerung

Da Erdbeeren sehr empfindlich und leicht verderblich sind, sollte man beim Kauf beziehungsweise bei der Ernte nur Früchte auswählen, die weder grüne Stellen aufweisen noch überreif sind. Am besten wählt man mittel- bis dunkelrote Früchte aus. Bei gekaufter Körbchenware ist auf Schimmelbildung zu achten. Erdbeeren sind stets zum schnellen Verbrauch bestimmt, können allerdings auch eingefroren werden, am besten einzeln verpackt. Die Früchte dürfen gründlich, aber nur kurz abgewaschen werden, da sie sonst zu viel Wasser aufnehmen. Die grünen Blättchen werden erst danach entfernt.

Jan	Feb	Mär	Apr	Mai	Jun	Jul	Aug	Sep	Okt	Nov	Dez

Palmkakadu

Inhaltsstoffe

Neben Provitamin A und den Vitaminen B_1 und B_2 enthalten Erdbeeren vor allem Vitamin C. An Mineralien sind außer Zink, Phosphor, Mangan und Kupfer größere Mengen an Eisen, Kalium, Magnesium und Kalzium bemerkenswert.

Verfügbarkeit

In Mitteleuropa haben die roten Früchte ab Ende Mai bis in den Juli hinein Saison. Außersaisonale, importierte Früchte sind nahezu ganzjährig zu bekommen, man muss sie aber meist recht teuer bezahlen. Überdies lassen ihre Süße und das Aroma gegenüber einheimischen, frisch geernteten Früchten meist zu wünschen übrig.

Fütterungshinweise

Wahrscheinlich bedingt durch die mühevolle Ernte – oder aber den Genuss beim eigenen Verzehr – werden Erdbeeren selten den Papageien angeboten. Es lohnt sich aber, die süßen Früchte während der Sommermonate auf den Speiseplan der Psittaziden zu setzen. Es gibt kaum eine Papageien-, Sittich- oder Loriart, von der die rote Frucht nicht mit Begeisterung angenommen wird. Dies hängt sicherlich nicht nur mit dem Geschmack, sondern auch – wie an anderer Stelle bereits erwähnt und von verschiedenen Züchtern bestätigt – mit der Vorliebe mancher Papageien für die Farbe Rot zusammen. Nach meinen Erfahrungen sind besonders Plattschweifsittiche *(Platycercus)* leicht von der heimischen Frucht zu begeistern. Dem „Obstsalat“ verleiht die Zugabe einiger Erdbeeren ein besonders fruchtig-frisches Aroma.

Erdnuss

Die jährliche Weltproduktion der zu den Schmetterlingsblütlern (Fabaceae) gehörenden Erdnuss (*Arachis hypogaea*) ist außerordentlich hoch: Sie beträgt ca. 28 Mio. t, das sind knapp 5 kg (!) pro Kopf der Weltbevölkerung.

Herkunft und Geschichte

Die ursprünglich aus den Anden Boliviens und Brasiliens stammende Erdnuss ist eine wichtige Nahrungspflanze aus den Tropen und Subtropen und wird heute in den entsprechenden Klimazonen rund um den Erdball angebaut. Die größten Produktionsmengen kommen aus Indien und China, wo sie seit langer Zeit als Kulturpflanze angebaut wird.

Panama-Amazone

Lagerung

Nach den Angaben in der Literatur sind Erdnüsse mit Schale – kühl und trocken gelagert – bis zu einem Jahr haltbar. Auf Grund der Verpilzungsgefahr sollten die Nüsse den Papageien allerdings in möglichst frischem Zustand verfüttert werden.

Inhaltsstoffe

Erdnusskerne enthalten etwa 48 % Öl, Hauptbestandteile sind Ölsäure und Linolsäure. Überdurchschnittlich hoch ist auch ihr Gehalt an Eiweiß und Kohlenhydraten. An Mineralstoffen sind Kalium, Kalzium, Magnesium und Eisen zu nennen, weiterhin Vitamine der B-Gruppe sowie Provitamin A und Vitamin D.

Verfügbarkeit

Erdnüsse sind ganzjährig erhältlich. Ungeschälte Erdnüsse werden bei uns hauptsächlich von Oktober bis Ende Dezember angeboten.

Fütterungshinweise

Da die Erdnuss wie bereits erwähnt einen extrem hohen Fettgehalt aufweist, sollte sie unseren Papageien – wenn überhaupt – nur als gelegentlicher Leckerbissen angeboten werden. Die Verpilzungsgefahr bei Erdnüssen ist allgemein bekannt. Deshalb tut man gut daran, nur beste, frischeste Ware einzukaufen und auf längere Lagerung zu verzichten. Beim Einkauf von geschälten Früchten ist strengstens darauf zu achten, dass die Nüsse nicht gesalzen sind. In vielen Futtermischungen für Papageien oder Großsittiche sind Erdnüsse z. T. in recht hohen Anteilen enthalten. Wegen der Gefahr der Überlagerung und der potenziellen Verfettung der Tiere ist nach meinem Dafürhalten auf solche Futtermischungen zu verzichten.

Jan	Feb	Mär	Apr	Mai	Jun	Jul	Aug	Sep	Okt	Nov	Dez

Feige

Feigen sind das wichtigste Obst aus der großen Familie der Maulbeergewächse (Moraceae). Sie galten lange Zeit als Symbol der Fruchtbarkeit und des Wohlbefindens; der Feigenbaum wurde als heilig verehrt.

Herkunft und Geschichte

Angeblich wuchsen Feigen schon im Garten Eden, und nach der Überlieferung waren es ihre Blätter, die Adams und Evas Blöße bedeckten. Unter den mehr als 1.000 *Ficus*-Arten gibt es einige mit essbaren Früchten, aber nur die des Echten Feigenbaumes (*Ficus carica*) sind groß und wohlschmeckend. Der in Kleinasien schon vor 5.000 Jahren von den Assyrern kultivierte Feigenbaum wurde bereits im Altertum im gesamten Mittelmeerraum verbreitet, wo heute noch 90% der Weltproduktion angebaut werden.

Lagerung

Getrocknete Feigen sind – kühl und trocken in einem geschlossenen Gefäß aufbewahrt – sehr lange haltbar. Frische Feigen dagegen sind sehr empfindlich, sie halten sich im Kühlschrank nur ein bis zwei Tage. Da sie fremde Gerüche leicht annehmen, sollten sie eingepackt werden.

Inhaltsstoffe

Feigen enthalten viel Kalzium und Eisen sowie Vitamine der B-Gruppe. Getrocknete Früchte bestehen zu fast zwei Dritteln aus Kohlehydraten. Ihr Verzehr aktiviert vor allem den Stoffwechsel.

Verfügbarkeit

Im mediterranen Klima bringen die Früchte drei Ernteerträge pro Jahr. Die Frühfeigen (April bis Juni) schmecken am besten. Nach der ertragreichen Sommerernte (Juni bis September) werden noch zwischen September und Januar Spätfeigen geerntet. Getrocknete Feigen sind ganzjährig erhältlich.

Jan	Feb	Mär	Apr	Mai	Jun	Jul	Aug	Sep	Okt	Nov	Dez

Fütterungshinweise

Halbierte frische violette Feigen aus der Türkei werden von vielen Papageien als willkommene Abwechslung auf dem Speiseplan angenommen. Die las Frischobst angebotenen Feigen entwickeln sich meist ohne Bestäubung, sie enthalten dann keine Samen. Sie sind als Ganzes essbar und müssen nicht geschält oder „ausgelöffelt“ angeboten werden. Am besten werden sie noch am Tag des Kaufs verfüttert; sie haben dann in der Regel den idealen Reifegrad und entfalten beim Aufschneiden ein herrliches Aroma, dem vor allem Loris nicht lange widerstehen können. Getrocknete Früchte sind Feigen des Smyrna-Typs, die sich nur nach der Bestäubung entwickeln und Samen enthalten. Sie werden am besten klein geschnitten oder, nachdem sie zehn bis zwölf Stunden in Wasser eingeweicht wurden, halbiert angeboten. Sie finden nach meinen Erfahrungen insbesondere bei südamerikanischen Sittichen der Gattung Brotogeris reißenden Absatz und werden offenbar von Samen fressenden Papageien den frischen Feigen vorgezogen.

Granatapfel

Die Gattung *Punica* umfasst zwei Arten; nur der Granatapfelbaum, *Punica granatum*, ist als Nutz und Zierpflanze von Bedeutung. Der deutsche Name kommt nicht von ungefähr: Monate nach der Reife platzt die Fruchtschale explosionsartig auf und schleudert die Samen in die Umgebung.

Herkunft und Geschichte

Die ursprüngliche Heimat des Granatapfelbaums reicht vom Iran bis nach Nordindien. Von dort aus gelangte der Granatapfel schon sehr früh mit Karawanen bis nach Südostasien. Bereits zur Zeit der Pharaonen wurden Granatäpfel in Ägypten kultiviert. Heute werden sie in allen subtropischen und tropischen Ländern angebaut. In Vorderasien und im Mittelmeergebiet sind sie häufig verwildert.

Lagerung

Die etwa apfelgroße Frucht ist in kühler Umgebung einige Wochen haltbar. Frische Früchte erkennt man an der glatten Schale; Früchte, die eine trocken aussehende Schale haben, sind nach wie vor saftig. Granatäpfel werden immer reif gepflückt, sie reifen nach der Ernte nicht mehr nach.

Inhaltsstoffe

Granatäpfel enthalten viel Kalium, Vitamin C, Pantothensäure, Niacin, Vitamin B_1 und B_2. Überdies sind sie sehr phosphorreich. Ihr charakteristischer Geschmack ist auf den hohen Anteil von adstringierenden Gerbsäuren zurückzuführen.

Verfügbarkeit

Da Granatäpfel bis zu dreimal jährlich geerntet werden können und bis zu sechs Monate lager-

Jan	Feb	Mär	Apr	Mai	Jun	Jul	Aug	Sep	Okt	Nov	Dez

Kanarienflügelsittich

fähig sind, sind sie nahezu ganzjährig erhältlich. Angeboten werden sie in unseren Breiten allerdings meist nur in den Herbst- und Wintermonaten. Leider findet man sie in der Regel nur im gut sortierten Obst und Gemüsehandel – entsprechend hoch ist der Preis.

Fütterungshinweise

Die Frucht wird von einer dicken, nicht essbaren lederartigen Schale umschlossen. Das Fruchtinnere wird durch häutige Wände in sechs Fruchtkammern unterteilt, die jeweils zahlreiche Samen enthalten. Die Samen besitzen fleischig-geleeartige, rötliche, süßlich oder säuerlich schmeckende Samenschalen, welche den essbaren Teil der Frucht darstellen. Diese Samenschalen werden mitsamt den Samen herausgelöffelt und können – mit anderem Obst vermischt – den Vögeln angeboten werden. Es ist aber auch möglich, halbierte Früchte den Tieren zu reichen, die dann Samenmantel und Samen herausfressen. Granatapfelsaft, mit einer Zitronenpresse frisch ausgepresst und eventuell mit etwas Traubenzucker angereichert, stellt nicht nur für Loris, sondern auch für andere früchteliebende Papageien (z. B. die meisten neotropischen Arten) eine willkommene Abwechslung im Speiseplan dar. Persönliche Erfahrungen verschiedener Halter und Züchter weisen besonders Papageien der Gattungen *Probosciger*, *Ara*, *Amazona* und *Brotogeris* als „Granatapfel-Fetischisten“ aus.

Den verschiedenen Teilen des Granatapfelbaums werden umfangreiche Heilkräfte zugeschrieben, die sicherlich in der alternativen Vogelheilkunde Anwendung finden könnten. Der Wurzelsaft beispielsweise soll Augenentzündungen heilen.

Hagebutte

Die Hagebutte sind die im Herbst reifenden Nüsschen der **Wildrosen** *(Rosa* spp.), z. B. der **Hundsrose** (*Rosa canina*).

Herkunft und Geschichte

Schon um 1.400 v. Chr. wurden Rosen in Persien, ihrer vermutlichen Heimat, erwähnt. Seit über 3.000 Jahren werden sie in den verschiedenen Züchtungen kultiviert. Die Hundsrose ist die Urform aller Zuchtrosen. Sie wächst in ganz Europa wild auf Feldhecken, Rainen sowie an Wald- und Straßenrändern. Auch als Gartenpflanze ist sie – neben all ihren veredelten Verwandten – sehr beliebt. Wie Erdbeere, Brombeere oder Himbeere gehört sie zur großen Familie der Rosengewächse (Rosaceae).

Lagerung

Hagebutten sollten dunkel und kühl, am besten im Kühlschrank, gelagert werden. Wegen ihrer dicken Schale sind sie recht unempfindlich und halten nach der Ernte einige Tage. Sie können sehr gut eingefroren werden.

Inhaltsstoffe

Die Früchte der Heckenrose sind außerordentlich reich an Vitamin C; sie enthalten auch Provitamin A und die Vitamine B_1, B_2, E und K. Außerdem beinhalten sie viele Mineralstoffe (u.a. in sehr hohen Anteilen Natrium, Kalzium, Mangan und Kupfer) und Spurenelemente sowie Tannine und Pektine.

Gelbnacken-
amazone

Verfügbarkeit

Frische Hagebutten werden nur sehr selten zum Verkauf angeboten. Man ist daher auf eigene Ernten angewiesen, die vom Spätsommer bis in den November hinein erfolgen können. Die Früchte sollten bei der Ernte prall, fest und glatt, aber nicht zu hart sein. Der beste Zeitpunkt zur Ernte ist oftmals nach der ersten Frosteinwirkung.

Fütterungshinweise

Die Verfütterung von Hagebutten an Papageien ist weit verbreitet; stellt sie doch eine kostengünstige und einfache Form der Gabe von Früchten

Jan	Feb	Mär	Apr	Mai	Jun	Jul	Aug	Sep	Okt	Nov	Dez
							■	■	■		

dar. Meist können die kleinen roten Früchten von den Rosensträuchern im eigenen Garten gepflückt werden oder man sammelt sie auf Wanderungen. Oftmals werden sie in großen Mengen eingefroren und sind somit zu jeder Jahreszeit verfügbar. Die Hagebutte ist eine der wenigen Früchte, die auch nach der Tiefkühlung in aller Regel noch sehr gerne angenommen werden, da sie ihre Konsistenz durch den Tiefkühlvorgang kaum verändern. Besonders große Liebhaber für die Früchte der Wildrosen finden sich unter den Graupapageien *(Psittacus erithacus)*, den Langflügelpapageien (*Poicephalus* spp.) und den Amazonen *(Amazona* spp.). Man kann Hagebutten auch an kleine Vögel im Ganzen verfüttern. Meist werden mit Vorliebe die Samen herausgefressen. Da Hagebutten außerordentlich gehaltvoll sind, sollten sie nur in Maßen angeboten werden.

Haselnuss

Schon die Römer und die Griechen kannten die Haselnuss als Nahrungsmittel und schätzten sie vor allem wegen ihrer Heilwirkung.

Herkunft und Geschichte

Bereits vor mehr als 5.000 Jahren wurde die Frucht in chinesischen Manuskripten erwähnt. Die ursprünglich vermutlich aus Kleinasien stammende **Wald-Haselnuss** (*Corylus avellana*) hat sich von dort aus über fast ganz Europa ausgebreitet. Die als mehrstämmiger Strauch oder kleiner Baum wachsende Wald-Haselnuss ist sowohl als Wildpflanze als auch als Kulturpflanze in feuchten, gemäßigten Breiten anzutreffen. Einige der kultivierten Sorten stammen von der mit der Wald-Haselnuss nahe verwandten **Lambertsnuss** (*Corylus maxima*) ab beziehungsweise sind Hybriden zwischen diesen beiden Arten. Der Hauptanteil der Weltproduktion stammt aus der Türkei.

Jan	Feb	Mär	Apr	Mai	Jun	Jul	Aug	Sep	Okt	Nov	Dez

Lagerung

Da frische Haselnüsse vor allem ohne Schale leicht verderblich sind, sollten sie so schnell wie möglich verbraucht werden. Mit Schale können die Früchte, kühl und trocken gelagert, bis zu einem Monat aufbewahrt werden. Werden sie ohne Schale eingefroren, halten sie bis zu einem Jahr.

Inhaltsstoffe

Haselnüsse enthalten sehr viel Magnesium, Kalium und Kupfer und sind reich an den Vitaminen B_1, B_6 und E sowie Fol- und Pantothensäure. Des Weiteren sind Phosphor, Eisen, Zink und Kalzium zu nennen. Ihr Fettgehalt ist mit etwa 60 % sehr hoch.

Verfügbarkeit

Gemäß der Erntezeit werden Haselnüsse bei uns hauptsächlich im September und Oktober angeboten, sind aber generell ganzjährig verfügbar. Die bei uns angebotene Ware stammt größtenteils aus den USA und Frankreich.

Fütterungshinweise

Da die Haselnuss einen sehr hohen Fettgehalt aufweist, sollte sie unseren Papageien nur als gelegentlicher Leckerbissen angeboten werden. Großpapageien beschäftigen sich dabei besonders mit dem Knacken der Schale. Dass Nüsse leicht verpilzen, ist allgemein bekannt. Deshalb tut man gut daran, nur beste, frischeste Ware einzukaufen und auf längere Lagerung zu verzichten. Beim Kauf von geschälten Früchten ist darauf zu achten, dass die Nüsse nicht geröstet oder gesalzen sind. In manchen Papageienfuttermischungen sind Haselnüsse enthalten. Wegen der Gefahr der Überlagerung sollte man nach meinem Dafürhalten auf solches Mischfutter verzichten.

Das Stichwort „Beschäftigung" spielt in der artgerechten Papageienhaltung eine maßgebliche Rolle. Insofern ist die Haselnuss (mit Schale) bestens geeignet als kleiner „Zwischendurch-Snack".

Heidelbeere

Die etwa 30 Zentimeter hohen, kleinblättrigen Blaubeersträucher (*Vaccinium myrtillus*) gehören zu den Heidekrautgewächsen (Ericaceae). Ihre Heimat ist fast die gesamte nördliche Halbkugel: Europa, der Kaukasus, Nordasien und der Nordwesten Nordamerikas bis zu den US-Bundesstaaten Dakota und Colorado. Sie gedeihen in Kiefernwäldern und auf sandigen, torfhaltigen und feuchten Böden.

Herkunft und Geschichte

Die seit Urzeiten auf der nördlichen Halbkugel wild wachsenden **Waldheidelbeeren** spielten früher eine größere Rolle in der Ernährung. So ist zum Beispiel von den Indianern Nordamerikas eine intensive Nutzung dieser Nahrungsquelle bekannt. Heute werden **Blaubeeren** auch erwerbsmäßig oder im Garten kultiviert. Aus dem Nordosten der USA werden die Beeren der großfrüchtigen Heidelbeere *Vaccinium angustifolium* importiert.

Lagerung

Da Heidelbeeren sehr empfindlich sind, sollten beschädigte Früchte nach dem Einkauf sofort aussortiert werden. Im Kühlschrank können Blaubeeren einige Tage aufbewahrt werden. Ein schneller Verbrauch ist dennoch empfehlenswert. Die Beeren dürfen nur kurz abgebraust werden, um Aromaverluste zu vermeiden.

Inhaltsstoffe

Heidelbeeren enthalten viel Vitamin C, Kalzium, Eisen und Phosphor. Sie sind sehr säurehaltig.

Verfügbarkeit

Einheimische Früchte sind im August und September zu bekommen. Importierte Ware ist auf gut sortierten Märkten ganzjährig erhältlich,

Jan	Feb	Mär	Apr	Mai	Jun	Jul	Aug	Sep	Okt	Nov	Dez

jedoch durch lange Transportwege entsprechend teuer.

Fütterungshinweise

In freier Natur gesammelte Heidelbeeren sollten vor der Verfütterung kurz, aber gründlich gewaschen werden. Da die importierten, großfrüchtigen Beeren aus den USA meist nicht so süß und aromatisch sind wie die heimischen, kleinfrüchtigen, kann man hier im Angebot je nach Vorlieben der gehaltenen Vogelarten variieren. Blaubeeren werden in aller Regel von den meisten Papageien bereits beim ersten Mal dankbar angenommen. Eine besondere Vorliebe für diese Früchte ließ sich bei Edelpapageien (*Eclectus roratus*) feststellen. In manchen „Fruchtmix"-Futtermischungen sind getrocknete Heidelbeeren enthalten, die von den Psittaziden allerdings meist nicht mit der gleichen Begeisterung angenommen werden wie frische Früchte.

Grünzügelpapagei

Himbeere

Himbeeren sind die Früchte von mehr oder weniger groß bestachelten Halbsträuchern, die bis zu 2 m hoch werden können.

Herkunft und Geschichte

Die Himbeere (*Rubus idaeus*) gehört zur Familie der Rosengewächse (Rosaceae). Ihren wissenschaftlichen Namen verdankt sie dem Berg Ida auf Kreta, wo sie einst besonders üppig wuchs. Bereits in der Jungsteinzeit wurde die süße Frucht, deren ursprüngliche Heimat ungewiss ist, gesammelt. Im Mittelalter wurde sie von Mönchen in Klostergärten kultiviert. Himbeeren wachsen wild im nördlichen und mittleren Europa, in Asien und im nordöstlichen Nordamerika von Meereshöhe bis in Höhen von 2.500 m.

Lagerung

Himbeeren reifen nach der Ernte nicht mehr nach, deshalb werden sie reif gepflückt. Da sie sehr empfindlich sind und schnell matschig werden und schimmeln, kann es also leicht geschehen, dass sie schon nicht mehr einwandfrei sind, wenn sie in den Handel kommen. Wer die Möglichkeit hat, sollte die kleinen roten Beeren also im eigenen Garten anbauen oder aber direkt beim Erzeuger einkaufen. Selbst im Kühlschrank sind sie leider nur ein bis zwei Tage lagerfähig, eignen sich allerdings gut zum Einfrieren.

Inhaltsstoffe

Neben den Vitaminen der B-Gruppe, Vitamin C und Provitamin A enthalten Himbeeren vor allem Kalium, Phosphor, Eisen, Kalzium und Magnesium. Sie sind überdies reich an Zitronensäure und Pektinen.

Verfügbarkeit

Die Erntezeiten der Himbeere liegen in unseren Breitengraden in den Monaten Juni bis Oktober. Auf Grund der kurzen Lagerfähigkeit sind sie auch im Handel fast ausschließlich in diesen Monaten erhältlich. Kleine Mengen – vorwiegend aus Chile – werden allerdings auch im Winterhalbjahr importiert.

Fütterungshinweise

Da sich Himbeeren schnell mit Wasser vollsaugen und dann an Aroma stark verlieren, sollten sie vor dem Verfüttern möglichst nicht gewaschen werden. Deswegen ist der Anbau im eigenen Garten besonders zu empfehlen; bei Einkäufen sind Herkunft und vorherige Behandlung immer ungewiss. Eingefrorene Beeren sind nach dem Auftauen meist recht matschig und werden dann nicht mehr von den Papageien angenommen. Frische, direkt vom Strauch gepflückte und sogleich angebotene Beeren stellen hingegen für nahezu alle Papageien eine besondere Delikatesse in den Sommermonaten dar. Da wild wachsende Himbeeren meist aromatischer sind als kultivierte Sorten, sollte die Gelegenheit des Sammelns „in freier Natur" wann immer möglich genutzt werden. Dunkelfrüchtige Sorten (dunkelrot bis schwarz) werden von den Papageien den helleren bevorzugt.

Jan	Feb	Mär	Apr	Mai	Jun	Jul	Aug	Sep	Okt	Nov	Dez

Holunderbeere

Holunderbeeren (*Sambucus* spp.) sind die Früchte raschwüchsiger Sträucher und gehören zur Familie der Geißblattgewächse (Caprifoliaceae).

Herkunft und Geschichte

Holunder wächst schon seit vorgeschichtlicher Zeit in ganz Eurasien. Wegen ihres etwas unangenehmen Geruchs waren die Sträucher allerdings nie sonderlich beliebt. Holunderbeeren wurden oft als Färbemittel oder für die Herstellung von Wein verwendet. In den letzten Jahrzehnten gewinnt die altehrwürdige Obstart für den erwerbsmäßigen Anbau wieder zunehmend an Bedeutung.

Lagerung

Holunderbeeren sollten sobald wie möglich nach dem Pflücken verwertet werden. Bei Temperaturen um den Gefrierpunkt und sehr hoher Luftfeuchte (90-95 %) können sie zwei bis drei Wochen frisch gehalten werden.

Inhaltsstoffe

Die heimischen Beeren zeichnen sich durch hohe Kalium-, Phosphor- und Eiweißgehalte aus. Neben Provitamin A sind die Vitamine B_1, B_2, B_6, Niazin und ausgesprochen viel Vitamin C enthalten.

Verfügbarkeit

Die Ernte des **Schwarzen Holunders** (*Sambucus nigra*) beginnt im August und reicht mitunter bis Oktober. Der Frischmarktanteil ist äußerst gering; zumeist ist man auf eigene Ernten an angepflanzten oder wild wachsenden Sträuchern in Feld und Flur angewiesen.

Princess-of-Wales-Sittich

Fütterungshinweise

Besonders die getrockneten Beeren des Schwarzen Holunders werden vor allem von australischen Großsittichen geschätzt; sie sind in verschiedenen Fertigfuttermischungen enthalten. Aber auch frische Beeren finden ihre Liebhaber, z. B. unter den Graupapageien (*Psittacus erithacus*). Auch die Blütenstände können verfüttert werden. Andere Holunderarten sind entweder nicht genießbar (z. B. der **Zwergholunder** [*Sambucus ebulus*]) oder sind teilweise giftig wie etwa die Steinkerne des **Roten Holunders** (*Sambucus racemosa*) und sollten daher nicht angeboten werden.

Jan	Feb	Mär	Apr	Mai	Jun	Jul	Aug	Sep	Okt	Nov	Dez

Johannisbeere

Die Johannisbeere (*Ribes* spp.) gehört wie die Stachelbeere zur Familie der Stachelbeergewächse (Grossulariaceae), die in den kalten und gemäßigten Zonen der Erde beheimatet sind.

Herkunft und Geschichte

Johannisbeeren als Kulturpflanze haben eine junge Geschichte; erst im Spätmittelalter wurden sie erwähnt. Während die **Rote Johannisbeere** (*Ribes rubrum*) ursprünglich in Nordosteuropa und Nordwestasien beheimatet war, stammt die **Schwarze Johannisbeere** (*Ribes nigrum*) aus Mittel- und Osteuropa sowie einigen asiatischen Ländern. Heute werden beide Sorten in allen Ländern der gemäßigten bis kalten Zonen angebaut. Ihren deutschen Namen verdanken sie dem Zeitpunkt ihrer Reife, der um den 24. Juni, dem Fest des heiligen Johannes, liegt.

Jan	Feb	Mär	Apr	Mai	Jun	Jul	Aug	Sep	Okt	Nov	Dez

Lagerung

Da die Beeren recht empfindlich sind und schnell matschig werden, ist beim Einkauf oder bei der Ernte auf feste, unverletzte und gleichmäßig gefärbte Früchte zu achten. Im Kühlschrank halten sie nur wenige Tage. Eine schnelle Verarbeitung ist empfehlenswert. Johannisbeeren können auch eingefroren werden.

Inhaltsstoffe

Neben Provitamin A und Vitaminen der B-Gruppe enthalten Johannisbeeren etwa dreimal mehr Vitamin C als Zitrusfrüchte. Daneben verfügen sie über größere Mengen an Kalzium, Kalium, Phosphor, Schwefel sowie Pektinen und Zitronensäure.

Verfügbarkeit

Die Erntezeit der Roten Johannisbeere reicht von Mitte Juni bis Ende August, die der Schwarzen Johannisbeere von Juli bis August. Rote Johannisbeeren werden im Winterhalbjahr auch aus Chile importiert.

Fütterungshinweise

Die Johannisbeere – besonders die Schwarze Johannisbeere – ist vom gesundheitlichen Standpunkt her die wertvollste Beerenobstart überhaupt. Deshalb sollte sie in den Sommermonaten unbedingt auf dem Speiseplan unserer Papageien und Sittiche stehen. Da matschiges Obst in aller Regel sehr ungern angenommen wird, werden Johannisbeeren am besten ganz frisch – z. B. direkt vom Strauch im eigenen Garten gepflückt – angeboten. Rote Johannisbeeren werden ihres milderen Geschmacks und ihrer leuchtenden Farbe wegen lieber gefressen als Schwarze Johannisbeeren. Wo **Weiße Johannisbeeren** zur Verfügung stehen, können auch diese angeboten werden; sie sind besonders fein im Aroma. Auf Grund ihres hohen Säuregehalts schmeckt die Johannisbeere mitunter recht säuerlich; ihre Akzeptanz bei den Papageien ist daher individuell sehr unterschiedlich. Sie findet dennoch unter fast allen Papageiengattungen ihre Liebhaber.

Kaki

Der wissenschaftliche Gattungsname der Kaki (*Diospyros kaki*) bedeutet zu deutsch so viel wie „göttliches Feuer". Sie gehört zur Familie der Ebenholzgewächse (Ebenaceae).

Herkunft und Geschichte

Die „göttliche Frucht" ist in Zentralchina, Japan und Südkorea beheimatet. Heute erfolgt der Anbau in allen subtropischen bzw. wärmeren Regionen der Erde. Nach Deutschland wird hauptsächlich italienische Ware importiert.

Lagerung

Reife Früchte sind butterweich, das Fruchtfleisch hat eine puddingähnliche Konsistenz. In den Handel gelangen allerdings oftmals unreife Kakis, die – je nach Sorte – noch Gerbsäure enthalten. Bei Zimmertemperatur kann man sie, am besten zusammen mit Bananen oder Äpfeln, nachreifen lassen. Reife Früchte lagert man im Kühlschrank; sie sollten möglichst rasch verbraucht werden.

Pazifik-Schwarzschwanzsittich

Inhaltsstoffe

Die Kaki ist reich an Provitamin A und enthält nennenswerte Mengen an Vitamin C und Vitaminen der B-Gruppe sowie Kalium und Kupfer.

Verfügbarkeit

Kakifrüchte sind auf unseren heimischen Märkten ganzjährig erhältlich. Die Hauptangebotszeiten liegen im Frühjahr und im Herbst, dann gelangen überwiegend Früchte aus Brasilien beziehungsweise Italien, Spanien und Israel und Brasilien in den Handel.

Fütterungshinweise

Da das Fruchtfleisch der Kaki im vollreifen Zustand sehr weich ist, ist sie – nicht zuletzt auch wegen ihres sehr aromatisch-süßlichen Geschmackes – für die Verwendung bei der Lorifütterung geradezu prädestiniert. Die geschälten Früchte (die Schale ist meist ungenießbar) können im Loribrei mit verarbeitet werden oder aber halbiert aufgeschnitten gereicht werden. Auf Grund ihrer rötlichen Färbung wird die Kaki auch bei der ersten Fütterung meist sofort angenommen, da viele Papageien eine Vorliebe für rote Früchte zeigen.

Die **Sharonfrucht**, eine israelische Neuzüchtung der Kaki, enthält keine Gerbstoffe mehr im Fruchtfleisch, außerdem ist dieses etwas fester als bei den anderen Sorten und hat einen noch süßeren Geschmack. Deshalb ist sie sicherlich besser für den „Fütterungseinsatz" bei unseren Papageienvögeln geeignet.

Jan	Feb	Mär	Apr	Mai	Jun	Jul	Aug	Sep	Okt	Nov	Dez

Kaktusfeige

Die Kaktusfeige, auch **Kaktusfrucht**, **Kaktusbirne**, **Stachelfeige** oder **Stachelbirne** genannt, ist die Frucht des in den Wüstenzonen Mexikos beheimateten Feigenkaktus *Opuntia ficus-indica*.

Herkunft und Geschichte

Der meist buschförmig wachsende Feigenkaktus, der oval-scheibenförmige, bis zu 50 cm lange und 20 cm breite sukkulente Sprossglieder ausbildet und bis zu 5 m hoch wird, wurde von den Spaniern nach Europa gebracht. Heute wächst er in fast allen Trockengebieten der Tropen und Subtropen, etwa im Mittelmeergebiet, in Südamerika und Australien. Mancherorts musste *Opuntia ficus-indica* bereits als „Unkraut" bekämpft werden. Neben der Kaktusfeige gibt es etwa 300 weitere essbare Kakteen-Arten, die aus ariden Gebieten von Kanada bis Südamerika stammen.

Lagerung

Nach der Ernte müssen die Früchte noch einige Wochen nachreifen. Sobald sich die grüne Schale bunt färbt, sind sie essreif. Kaktusfeigen sind bei 3 bis 5 °C und einer relativen Luftfeuchtigkeit von 90 bis 95 % bis zu vier Wochen lagerfähig.

Inhaltsstoffe

Kaktusfrüchte enthalten sehr viel Magnesium und Kalium sowie etwas Kalzium, Vitamin C und Natrium. Im Vergleich zu den meisten anderen Früchten sind sie relativ „gehaltlos".

Jan	Feb	Mär	Apr	Mai	Jun	Jul	Aug	Sep	Okt	Nov	Dez

Guayaquilsittich

Verfügbarkeit

Durch individuelle Erntezeiten in den verschiedenen Anbaugebieten der Welt kennen die Kaktusfeigen keine Saison. So kommen beispielsweise Früchte aus Peru von November bis April in den Handel, aus Italien und der Türkei von Juli bis Dezember sowie aus Brasilien und Kolumbien nahezu ganzjährig.

Fütterungshinweise

Obwohl die Früchte des Feigenkaktus meist weit gehend „stachelfrei" in den Handel kommen, ist bei ihrer Verarbeitung dennoch Vorsicht geboten. Es ist kein Vergnügen, wenn die feinen Stacheln, die sich oft noch an der Spitze der ovalen Frucht befinden, in die Haut eindringen. Halbierte Früchte können an Ästen aufgespießt den Papageien angeboten werden oder das Fruchtfleisch wird herausgelöffelt und im Obstsalat verarbeitet. Es ähnelt in seiner Konsistenz dem der Wassermelone und schmeckt erfrischend und fein säuerlich. Deshalb ist es wohl nicht „jedes Vogels Sache". Bei der Verfütterung an verschiedene Arten der Gattung *Aratinga* habe ich gute Erfolge erzielt. Das natürliche Habitat einiger Keilschwanzsitticharten liegt im (ursprünglichen) Verbreitungsgebiet des Feigenkaktus. Obwohl bislang nichts darüber bekannt wurde, ist nicht auszuschließen, dass die Kaktusfeige im Freiland zum Nahrungsrepertoire mancher Keilschwanzsittiche gehört. Vielleicht ist daraus ihre Vorliebe für diese Frucht zu erklären. Da die Kaktusfrüchte abführende Wirkung haben, sollten sie nur in Maßen angeboten werden.

Kapstachelbeere

Wegen ihres wissenschaftlichen Namens *Physalis peruviana* wird die Kapstachelbeere auch im Deutschen gerne **Physalis** genannt. Sie gehört ebenso wie beispielsweise die Tomate zur großen Familie der Nachtschattengewächse (Solanaceae).

Herkunft und Geschichte

Heimat der Kapstachelbeere sind die Anden. Bereits in den kunstvoll angelegten Gärten der Inkas nahm die Kapstachelbeere einen wichtigen Platz ein. Auch heute noch liegt das Hauptanbaugebiet in der Andenregion zwischen Venezuela und Chile. Anfang des 19. Jahrhunderts gelangte die Physalis nach Südafrika und von dort aus weiter nach Australien, wo sie ihren etwas irreführenden Namen Kapstachelbeere (engl. cape gooseberry) erhielt. Heute wird sie auf allen fünf Kontinenten kultiviert.

Lagerung

Die papierzarten, lampionähnlichen Hüllen der Physalis müssen ganz trocken sein, sonst schimmeln sie leicht. Die Frucht sollte sich fest anfühlen, von gleichmäßiger Farbe sein und keine Schadstellen aufweisen. Bei Zimmertemperatur können nicht ausgereifte Kapstachelbeeren nachreifen. Im Kühlschrank sind sie einige Tage haltbar; auch das Einfrieren ist möglich.

Inhaltsstoffe

Kapstachelbeeren enthalten viel Provitamin A, Vitamin C sowie Vitamine der B-Gruppe. An Mineralstoffen sind vor allem Phosphor und Eisen zu nennen. Weiterhin sind sie reich an organischen Säuren (vor allem Zitronensäure).

Verfügbarkeit

Bei uns kommen meist Früchte aus Kenia, Südafrika und Neuseeland in den Verkauf, die dann vor allem in den Monaten Dezember bis Juni erhältlich sind. Es kann auch der Versuch unternommen werden, die Frucht in unseren heimischen Gewächshäusern zu kultivieren.

Fütterungshinweise

Nach dem Entfernen der Hülle werden die Früchte gründlich gewaschen, vor allem um sie von der harzigen Substanz am Stielansatz zu befreien. Die 1,5 bis 3 cm große Frucht kann im Ganzen an die Papageien verfüttert werden. Bedingt durch die im optimalen Reifezustand goldgelbe, ja fast rötliche Farbe wird sie meist spontan angenommen. In ihrem saftig-fleischigen Inneren beherbergt sie eine Vielzahl kleiner Samen, was sie vor allem bei „Körnerspezialisten“ wie etwa Kakadus schnell beliebt macht. Für einen zahmen Papagei ist eine Physalis – aus der Hand seines Pflegers genommen – ein willkommener „Zwischendurch-Snack“.

Jan	Feb	Mär	Apr	Mai	Jun	Jul	Aug	Sep	Okt	Nov	Dez

Palmkakadu

Breitbinden-Allfarblori

Karambole

Die Karambole (*Averrhoa carambola*), ihres sternförmigen Querschnitts wegen auch **Sternfrucht** genannt, gehört zur Familie der Sauerkleegewächse (Oxalidaceae). Die fünfkantigen (manchmal auch sechskantigen) Früchte haben ein knackiges, saftiges Fleisch, das sich je nach Sorte bei der Reife weißlich gelb bis orangegelb verfärbt.

Herkunft und Geschichte

Als ursprüngliche Heimat der Karambole gilt Südostasien, möglicherweise stammt sie aus Indien oder Sri Lanka. In einer botanischen Abhandlung über Indonesien aus dem 17. Jahrhundert wird sie erwähnt. Heute baut man sie im gesamten südostasiatischen Raum an, aber auch in Australien, Mittel- und Südamerika sowie in Florida und auf Hawaii.

Lagerung

Trotz ihres recht zarten Aussehens sind Sternfrüchte unempfindlich. Bei Zimmertemperatur gelagert halten sie sich einige Tage, im Kühlschrank bis zu zwei Wochen. Beim Kauf achte man auf gleichmäßig gefärbte, feste Früchte, deren Rippenkanten noch nicht dunkel sind. Karambolen reifen nach der Ernte nicht nach, sind aber recht druckempfindlich, weshalb sie meist einzeln in Seidenpapier verpackt werden.

Inhaltsstoffe

Sternfrüchte enthalten viel Vitamin C sowie etwas Provitamin A, Niazin, Kalium, Phosphor und Eisen. Karambolen sind recht säurehaltig; hier sind Oxal-, Wein- und Apfelsäure zu nennen.

Verfügbarkeit

Da die Früchte heute in geringem Umfang in allen tropischen Gebieten der Erde angebaut werden und bis zu dreimal jährlich Ernteertrag bringen, sind sie bei uns nahezu ganzjährig erhältlich. Auf den deutschen Markt gelangen hauptsächlich Importe aus Malaysia, Thailand und Brasilien.

Fütterungshinweise

Die quer in Scheiben geschnittenen Sternfrüchte wirken auf die meist recht neugierigen Papageien wegen ihrer außergewöhnlichen Form und ihrer intensiven Gelbfärbung besonders anziehend. So kann man vor allem zahme Papageien, Sittiche oder Loris leicht an die zuvor fremde Frucht heranführen. Die Schale kann mitverfüttert werden. Sehr hell aussehende Früchte werden in der Regel besser angenommen. Die Akzeptanz dieser Frucht ist leider sehr unterschiedlich, da ihr Geschmack sehr stark variieren kann. Von neotropischen Papageien- und Sitticharten und Loris wird sie in aller Regel gerne gefressen.

Jan	Feb	Mär	Apr	Mai	Jun	Jul	Aug	Sep	Okt	Nov	Dez

Kirsche

Kirschen (*Prunus* spp.) gehören zur großen Familie der Rosengewächse (Rosaceae). Sie werden vor allem in den gemäßigten Zonen der nördlichen Halbkugel angebaut und zählen zu den ältesten und beliebtesten Obstsorten.

Herkunft und Geschichte

Kirschen wurden in Kleinasien schon vor über zweitausend Jahren kultiviert; die Römer brachten sie ins Römische Reich. Seit dem 1. Jahrhundert n. Chr. werden sie in Deutschland, Frankreich und England angebaut. Während die **Sauerkirsche** (*Prunus cerasus*) aus dem Gebiet zwischen Kaspischem Meer und Nordindien stammt, erstreckt sich die Heimat der **Süßkirsche** (*Prunus avium*) von der Türkei bis nach Westsibirien.

Lagerung

Wegen ihrer schlechten Haltbarkeit müssen Kirschen schnell verarbeitet werden. Da sie den Geruch anderer Lebensmittel annehmen, scheidet die Lagerung im Kühlschrank aus. Die roten Früchte können mit oder ohne Stein eingefroren werden. Außerdem eignen sie sich auch zum Einwecken.

Inhaltsstoffe

Kirschen sind reich an Ballaststoffen und enthalten viel Kalium, Eisen, Vitamin C und fast alle Vitamine der B-Gruppe. Süßkirschen unterscheiden sich hinsichtlich der Inhaltsstoffe von den Sauerkirschen lediglich durch ihren höheren Zucker- und niedrigeren Fruchtsäuregehalt.

Verfügbarkeit

Die Saison für heimische Kirschen und europäische Importe dauert von Anfang Juni bis Anfang September. Kirschen reifen nach der Ernte nicht nach und verderben schnell. Von Oktober bis Februar kommen kleine Mengen an Importware aus Südamerika, Südafrika, Australien und Neuseeland in den Handel.

Fütterungshinweise

Kirschen sind ausgesprochene Leckerbissen für alle Papageien, kaum ein Vogel, der sie nicht mit Begeisterung annimmt. Dabei wird den Süßkirschen natürlich Vorrang gegeben. Allerdings werden auch Sauerkirschen keineswegs verachtet. Dunkelfrüchtige Sorten sind oft besonders aromatisch und süß, sie werden daher mit Vorliebe gefressen. Vor dem Verfüttern sollten die Kirschen gut gewaschen und die Steine zumindest der Sauerkirschen entfernt werden (sie sind leicht blausäurehaltig). Besonders gekaufte Ware muss gut auf Schimmelbildung untersucht werden. Beim Verfüttern von Kirschen ist zu bedenken, dass die Umgebung des Futterplatzes oft erheblich verschmutzt wird. „Kirschenliebhaber“ finden sich besonders unter den Loris und unter den Plattschweifsittichen *(Platycercus* spp.).

Sauerkirsche

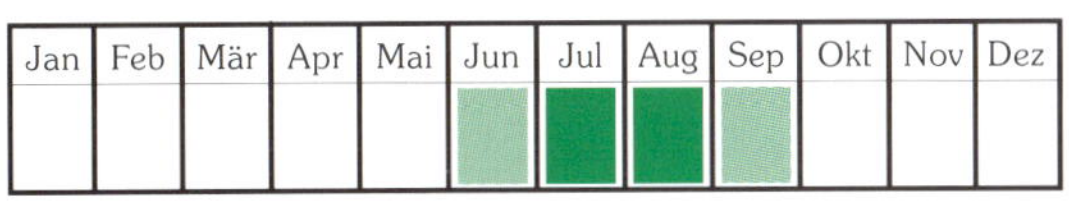

Süßkirsche

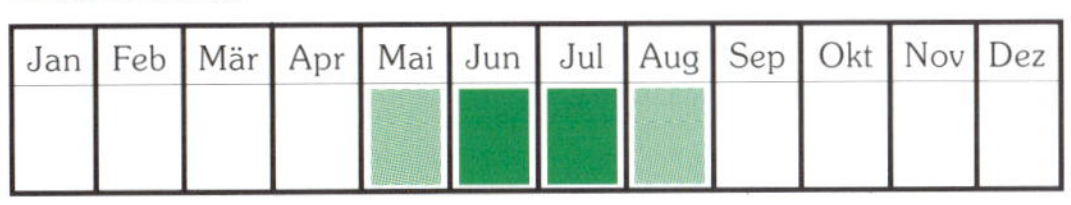

Kiwano

Wegen ihres bizarren Aussehens mit den zahlreichen kegelförmigen Stacheln wird die leuchtend goldorangefarbene Kiwano (*Cucumis metuliferus*) auch „**Afrikanische Stachelgurke**" oder „**Hornmelone**" genannt.

Herkunft und Geschichte

Über die Herkunft der zur Familie der Kürbisgewächse (Cucurbitaceae) gehörenden Frucht ist wenig bekannt. In der Literatur wird lediglich angemerkt, dass sie ursprünglich aus Südwestafrika stammt, von wo aus sie um 1930 nach Neuseeland gelangte. Da das Fruchtfleisch farblich dem der Kiwi ähnelt, wurde die Frucht von den Neuseeländern „Kiwano" getauft.

Lagerung

Die unreif geernteten Früchte sind noch grün und sehr hart. Im Laufe der Monate reifen sie erst nach und erhalten ihre goldorangene Farbe. An einem kühlen, trockenen Ort (allerdings nicht im Kühlschrank) können selbst reife Früchte noch bis zu mehreren Wochen aufbewahrt werden.

Inhaltsstoffe

Kiwanos bestehen zu über 90 % aus Wasser. Sie sind reich an Vitamin C und enthalten nennenswerte Mengen an Eisen und Kalium, außerdem wenig Kohlenhydrate und Eiweiß.

Jan	Feb	Mär	Apr	Mai	Jun	Jul	Aug	Sep	Okt	Nov	Dez

Verfügbarkeit

Die bizarr-attraktiven Früchte, die hierzulande hauptsächlich ihres Aussehens wegen für Dekorationszwecke gekauft werden, sind bei uns in kleinen Mengen ganzjährig erhältlich. Man findet sie bisweilen allerdings nur bei gut sortierten Obst- und Gemüsefachhändlern.

Fütterungshinweise

Da der Geschmack der Kiwano an Melone und Gurke erinnert, aber auch ein leichtes Bananenaroma hat, kann man – nicht zuletzt wegen der unzähligen eiförmigen, flachen Samen – nahezu alle Papageienarten davon begeistern. Das gelbe Fruchtfleisch und die zahlreichen Samen mitsamt ihren giftgrünen Samenmänteln sind im Ganzen recht „glibberig"; darum schneidet man die Frucht am besten längs in zwei Hälften und spießt diese auf einem Ast auf. Allein schon wegen ihres interessanten, vielfarbigen Aussehens wird die Kiwano meist sofort inspiziert und angenommen. Nach meinen persönlichen Erfahrungen ist sie besonders bei neuseeländischen Laufsittichen (*Cyanoramphus* spp.), aber auch bei südamerikanischen Schmalschnabelsittichen (*Brotogeris* spp.) oder Weißbauchpapageien (*Pionites* spp.) sehr beliebt. Auch bei dieser Frucht bietet es sich an, das Fruchtfleisch als Beigabe bei der Loribreizubereitung zu verwenden.

Kiwi

Die Kiwi (*Actinidia chinensis*) gehört zur Familie der Strahlengriffelgewächse (Actinidiacae), deren Mitglieder Kletterpflanzen sind und die in Ostasien, auf Java sowie im Himalaya beheimatet sind. Die etwa hühnereigroße Kiwibeere mit der rauen Schale hat circa 800 dunkle Samen, die strahlenkranzartig zwischen feinen Fruchtlamellen eingebettet sind.

Herkunft und Geschichte

Heimat der Kiwi sind die hoch gelegenen Waldgebiete Chinas und Taiwans. Sie fand bereits im 15. Jahrhundert Erwähnung. 1906 kam sie nach Neuseeland, wo sie durch viele Züchtungen im Laufe einiger Jahrzehnte zu einer Art „Nationalsymbol" wurde. Die „**Chinesische Stachelbeere**" wurde nach dem in Neuseeland beheimateten, flugunfähigen Vogel Kiwi (*Apteryx australis*) benannt. Heute liegen die Hauptanbaugebiete in Italien und Neuseeland.

Lagerung

Kiwis lassen sich gut transportieren und lagern. Man sollte beim Kauf mittelharte Früchte wählen, die auf Fingerdruck nur leicht nachgeben. Bei Raumtemperatur reifen harte, noch unreife Kiwis bei gemeinsamer Lagerung mit Bananen oder Äpfeln besonders schnell nach.

Inhaltsstoffe

Die Kiwi hat einen extrem hohen Vitamin-C-Gehalt, der etwa doppelt so hoch ist wie bei **Zitronen**. Außerdem enthält sie nennenswerte Anteile an Kalium, Kalzium, Phosphor, Magnesium und Eisen.

Verfügbarkeit

Ende der siebziger Jahre war die Kiwi noch eine Rarität in den Obstgeschäften, doch seit einigen Jahren ist die Kiwi nahezu jederzeit und überall zu gleich bleibend günstigen Preisen erhältlich. Deutschland ist weltweit der größte „Kiwi-Abnehmer"!

Springsittich

Fütterungshinweise

Zum Verfüttern sollte man relativ harte Früchte verwenden – die weichen, völlig ausgereiften sind etwas schwierig zu verarbeiten. Die Kiwi wird geschält und das Fruchtfleisch in kleine Stücke geschnitten und gemeinsam mit anderen Früchten zu einem „Obstsalat" verarbeitet. Durch ihre extreme Süße ist es von Vorteil, die Kiwis gemeinsam mit etwas säuerlichen Fruchtsorten zu reichen, um somit das Aroma – sowohl der süßen als auch der sauren Früchte – ein wenig abzumildern. Mit diesem „Trick" nehmen „Kiwi-Fanatiker" wie etwa Amazonen (*Amazona* spp.) oder Springsittiche (*Cyanoramphus auriceps*) auch die sauren Bestandteile der Mischung mit auf. Man kann die Kiwi auch in zwei Hälften geteilt und an Ästen aufgespießt anbieten.

Kiwis enthalten die Enzyme Actinidin und Bromelin, die in Verbindung mit Luft aktiv werden und als „Zartmacher" gelten. Deshalb sollten Kiwis dem Obstsalat erst zum Schluss beigefügt werden, da die anderen Früchte sonst zu schnell weich werden.

Jan	Feb	Mär	Apr	Mai	Jun	Jul	Aug	Sep	Okt	Nov	Dez

Kokosnuss

Die Kokosnuss ist die Frucht der bis zu 20 m hohen Kokospalme (*Cocos nucifera*), die zur Familie der Palmengewächse (Arecaceae) gehört. Botanisch gesehen sind Kokosnüsse allerdings keine Nüsse, sondern Steinfrüchte.

Herkunft und Geschichte

Da Kokosnüsse auf dem Meer schwimmend Tausende von Kilometern treiben können und dabei keimfähig bleiben, ist ihre genaue Herkunft ungewiss. Wahrscheinlich liegt sie im tropischen Melanesien, den Inselgruppen im südwestlichen Pazifik. Auf Grund ihrer vielseitigen Verwendbarkeit ist die Kokospalme seit langer Zeit eine wichtige Kulturpflanze in allen tropischen Regionen der Alten und Neuen Welt. Am besten gedeiht sie in Küstennähe, wo sie der Seeluft ausgesetzt ist.

Lagerung

Geöffnete Früchte halten sich im Kühlschrank etwa eine Woche, tiefgefroren bis zu neun Monaten. Ungeöffnete Früchte können zwei bis vier Monate aufbewahrt werden.

Inhaltsstoffe

Frische Kokosnüsse sind reich an Ballaststoffen und Kalium sowie Kupfer, Eisen, Zink, Selen, Folsäure, Phosphor, Vitamin E und Vitaminen der B-Gruppe. Mit einem Anteil von etwa 36,5 % ist die Kokosnuss recht fetthaltig.

Verfügbarkeit

Die tropische Frucht wird ganzjährig gehandelt; die Importe stammen hauptsächlich aus der Dominikanischen Republik, aber auch von der Elfenbeinküste, aus Sri Lanka, von den Philippinen und aus Honduras.

Fütterungshinweise

Wegen des hohen Fettgehaltes sollte die Kokosnuss nur einen gelegentlichen Leckerbissen darstellen für Großpapageien, zu deren natürlichem Nahrungsrepertoire Palmfrüchte gehören, denn nur von diesen wird sie in aller Regel angenommen. Dazu zählen neben den verschiedenen Ara-Arten vor allem die Palmkakadus (*Probosciger aterrimus*). Die die „Nuss" umhüllende Faserschicht lässt sich leicht lösen, wenn die reif geerntete Frucht einige Wochen gelagert wurde. Nachdem mittels zweier mit Hammer und Nagel eingeschlagenen Löcher das Kokoswasser abgelassen wurde, kann die Nuss für 15-30 Minuten bei 180 °C in den Backofen gelegt werden; die Schale bekommt dann Risse und springt in großen Stücken ab. Den Papageien bereitet es besondere Freude, aus größeren Fruchtstücken Teile herauszubeißen. Das Fruchtfleisch kann gut an rostfreien Nägeln aufgespießt werden.

Blaustirnamazone

Jan	Feb	Mär	Apr	Mai	Jun	Jul	Aug	Sep	Okt	Nov	Dez

Kumquat

Die **Goldorangen** (*Fortunella* spp.), besser unter dem geläufigeren Namen Kumquat bekannt, gehören wie alle Zitrusfrüchte zur Familie der Rautengewächse (Rutaceae). Mehrere Arten der Gattung werden kultiviert. Die etwa pflaumengroßen runden oder ovalen Früchte werden mitsamt der süßen Schale verzehrt.

Herkunft und Geschichte

Heimat der Kumquat sind das südöstliche China und Vietnam. Der englische Botaniker Robert Fortune brachte sie 1846 von einer Reise mit nach Europa. Ihr wissenschaftlicher Name *Fortunella* geht auf ihn zurück. Die Kumquatpflanzen wachsen als immergrüne, dicht verzweigte kleine Bäume oder Sträucher, die auch als Zierpflanzen sehr beliebt sind. Kumquats gedeihen heute in vielen Teilen der Erde, in den Mittelmeerländern ebenso wie im ostasiatischen Raum, in Südafrika, Südamerika, Kalifornien und Florida.

Lagerung

Ihrer zarten Schale wegen sind Kumquats leichter verderblich als andere Zitrusfrüchte. Bei Raumtemperatur aufbewahrt, sollten sie innerhalb weniger Tage verzehrt werden. Im Kühlschrank halten sie sich etwa zwei Wochen lang.

Inhaltsstoffe

Die Frucht ist reich an Pektinen und Mineralstoffen (vor allem Kalium, Kalzium und Phosphor) sowie den Vitaminen B_1, B_2 und C. Darüber hinaus ist die Kumquat eine gute Kupferquelle.

Verfügbarkeit

Goldorangen sind beinahe ganzjährig erhältlich. Hauptsaison für Lieferungen aus den Mittelmeerländern sind die Wintermonate. Einfuhren aus Übersee kommen auch in den Sommermonaten nach Mitteleuropa.

Jan	Feb	Mär	Apr	Mai	Jun	Jul	Aug	Sep	Okt	Nov	Dez
■	■	■	■			■	■	■	■	■	■

Fütterungshinweise

Das in vier bis sieben Segmente unterteilte Fruchtfleisch der Kumquat ist nicht besonders saftig und hat eine herb-säuerliche Note, Die Schale hingegen schmeckt süß und strömt einen angenehmen Duft aus. Daher sollte die Goldorange nur im Ganzen an die Psittaziden verfüttert werden, aufgeschnitten wird sie nicht gerne angenommen. Auf Grund ihrer Größe kommt sie somit nur für mittelgroße und große Papageien als Delikatesse in Frage, denn nur diese können sie mit dem Fuß festhalten. Besonders zahme Papageien – vor allem Amazonen – nehmen gerne eine Kumquat aus der Hand des Pflegers. Wenn der Großteil der enthaltenen Flüssigkeit aufgenommen worden ist, wird der Rest meist fallen gelassen. Obwohl die Früchte unbehandelt in den Handel kommen, sollten sie vor dem Verfüttern gut abgewaschen werden.

Auch von Vögeln, die diese kleine Zitrusfrucht noch nie gefressen haben, wird die Kumquat meist schon beim ersten Versuch akzeptiert.

Rambutan
(Bild rechts)

Litschi, Longan und Rambutan

Sowohl Litschi als auch Longan und Rambutan gehören der Familie der Seifenbaumgewächse (Sapindaceae) an. Sie schmecken sehr ähnlich und weisen vergleichbare Inhaltsstoffe auf, weshalb sie an dieser Stelle zusammengefasst werden sollen.

Herkunft und Geschichte

Während die Litschi (*Litchi chinensis*) und die Longan (*Dimocarpus longan*) ursprünglich aus China kommen, liegt die Heimat der Rambutan (*Nephelium lappaceum*) in den feuchtwarmen Gebieten des malaiischen Archipels. Die nahe verwandten Arten werden heute in weiten Teilen der tropischen und subtropischen Regionen der Erde kultiviert.

Lagerung

Litschi, Longan und Rambutan reifen nach der Ernte kaum nach und müssen daher fast reif geerntet werden. Litschis, die beim Kauf bereits eine braune Schale aufweisen (bei der Ernte ist die Schale rot), sollten bald verbraucht werden. Bei noch nicht allzu bräunlicher Färbung sind die Früchte noch einige Tage gekühlt lagerfähig. Bei den anderen beiden Arten ist die Lagerung problematischer; wegen langer Transportwege müssen auch sie baldmöglichst verarbeitet werden.

Longan

Inhaltsstoffe

Während die Longan einen etwas höheren Gehalt an Mineralstoffen als ihre nächsten Verwandten aufweist, verfügt die Rambutan über nennenswerte Mengen an Eisen. Alle drei Arten sind gute Quellen für Vitamin C.

Verfügbarkeit

Die Litschi ist durch Importe aus verschiedenen Erzeugerländern nahezu ganzjährig mit breitem Angebot bei uns erhältlich; die Longan (Juni bis September) und die Rambutan (Juni bis Oktober, Dezember bis Februar) hingegen findet man nur saisonal bei sehr gut sortierten Obstfachhändlern, z. B. in den Markthallen der Großstädte.

Litchi

Jan	Feb	Mär	Apr	Mai	Jun	Jul	Aug	Sep	Okt	Nov	Dez
■	■	■	■	■	■	■	■	■	■	■	■

Longan

Jan	Feb	Mär	Apr	Mai	Jun	Jul	Aug	Sep	Okt	Nov	Dez
					■	■	■	■			

Rambutan

Jan	Feb	Mär	Apr	Mai	Jun	Jul	Aug	Sep	Okt	Nov	Dez
■	■				■	■	■	■	■		■

Fütterungshinweise

Während die Longan weniger adstringierend und milder als die Litschi schmeckt, ist die Rambutan etwas süßer und aromatischer als diese. Deswegen werden die beiden exotischen Verwandten von den Papageien oftmals den bekannten Litschis bevorzugt. Der Weg zu einem gut sortierten Fachhändler und das Zahlen eines mitunter hohen Preises zahlt sich also meines Erachtens aus. Sowohl Longan als auch Rambutan wurden von meinen Vögeln, insbesondere Vertretern der Gattungen *Pyrrhura*, *Aratinga* und *Pionites*, ohne Zögern sofort angenommen, während Litschis eher unter Amazonen, Graupapageien oder australischen Plattschweifsittichen Abnehmer finden. Alle drei Arten sollten geschält und entkernt werden, bevor das Fruchtfleisch den Papageien angeboten wird. Sicher werden diese Früchte – allein schon auf Grund ihres hohen Preises und der aufwendigen Verarbeitung – ein nur gelegentlich gereichter Leckerbissen auf dem Speiseplan der Papageien sein, der allerdings von vielen Vögeln gerne und dankbar angenommen wird.

Demerarasittich frisst Longan

Mango

Der Mangobaum (*Mangifera indica*) ist neben der Banane die wichtigste Obstpflanze der Tropen, und seine Häufigkeit ist mit der des Apfelbaumes in den gemäßigten Breiten vergleichbar. Diese subtropische Steinfrucht hat ein unvergleichliches Aroma, sie ist süß, saftig und aufregend lecker und begeistert Mensch und Vogel.

Herkunft und Geschichte

In Ostindien wurde der Mangobaum bereits vor mehr als 4.000 Jahren kultiviert. Portugiesische Eroberer brachten die Frucht um 1700 auch nach Brasilien und Südafrika. Heute wächst *Mangifera indica* in nahezu allen tropischen und subtropischen Regionen der Erde. Es gibt mehr als 1.000 Sorten, die sich in Fruchtform und -größe, Textur, Geschmack und Klimaansprüchen unterscheiden. Manche Früchte sind klein wie ein Pfirsich, andere groß wie eine Melone. Die Mangobäume werden bis zu 30 Meter hoch, bilden eine große Krone und sind immergrün.

Lagerung

Meist kommen Mangos recht unreif auf den Markt, sie lassen sich dann bei Zimmertemperatur lagern. Als wärmeliebende Frucht vertragen sie keine kühlen Temperaturen. Erst wenn die Früchte auf leichten Druck nachgeben und anfangen zu duften, sind sie reif für den Verzehr.

Jan	Feb	Mär	Apr	Mai	Jun	Jul	Aug	Sep	Okt	Nov	Dez

Demerarasittich

Inhaltsstoffe

Mangos enthalten große Mengen an Vitaminen, unter anderem Vitamin A, B_3, B_5, B_6, C und E. Kupfer, Mangan, Magnesium und Zink sind als Mineralien und Spurenelemente zu nennen. Überdies sind die süßen Früchte sehr kaliumreich, was sie entwässernd und entgiftend wirken lässt.

Verfügbarkeit

Im Handel werden ganzjährig frische Mangos angeboten, die – je nach Jahreszeit – hauptsächlich aus Kenia, Südafrika, Thailand und Mexiko importiert werden.

Fütterungshinweise

Der große Kern der Mango lässt sich nicht vom Fruchtfleisch lösen. Deshalb schneidet man am besten, nachdem man die Frucht geschält hat, von außen um den Kern herum das Fruchtfleisch in Scheiben ab, die dann, wiederum in kleine Stückchen geschnitten, den Papageien zusammen mit anderem Obst oder aber separat in einem Futternapf gereicht werden können. Halbiert – der Kern wird herausgeschnitten – an einem Ast aufgespießt, finden die Vögel die Frucht meist noch interessanter und fangen sogleich an, sie zu „bearbeiten". Große Papageien wie Aras (*Ara* spp., *Anodorhynchus* spp.) oder Palmkakadus (*Probosciger aterrimus*) kann man auch einen ganzen Mangostein geben, der dann mit Genuss bearbeitet wird.

Da die Mango mit zunehmendem Reifegrad immer süßer und saftiger wird, ist sie – zur richtigen Zeit gereicht – sicher ein willkommener Leckerbissen für nahezu alle Papageienarten. Zudem verströmt ihr intensives Aroma einen Hauch von Exotik in den Volieren.

Passionsfrucht oder Purpurgranadilla

Süße Granadilla (Passiflora ligularis)

Maracuja

Noch heute sind sich die Botaniker nicht einig, ob die Früchte der Passionsblume *Passiflora edulis* nun „**Passionsfrucht**" oder „Maracuja" heißen. Nicht zuletzt wegen verschiedener Sorten ist ein „Namenwirrwarr" entstanden; die Früchte der gelbgrünen Varietät var. *flavicarpa* werden meist als Maracujas, die der aromatischen dunkelfrüchtigen Sorte var. *edulis* dagegen als Passionsfrüchte oder **Purpurgranadillas** bezeichnet. Die im Artenkomplex der Passionsfrüchte ebenfalls oft erwähnten **Süßen Granadillas** hingegen gehören einer eigenen Art (*Passiflora ligularis*) an.

Herkunft und Geschichte

Spanische Missionare entdeckten als Erste die Passionsblume *Passiflora caerulea*, nach der die Familie der Passionsfrüchte benannt ist und welche in den tropischen und subtropischen Regionen Südamerikas beheimatet ist. In ihrer Blüte meinten sie alle Attribute wieder zu finden, welche für das Leiden Christi stehen. Sie deuteten die Entdeckung der Pflanze als Zeichen, die Indianer zum Christentum zu bekehren. Daher der deutsche Name Passionsblume. Die dunklen Purpurgranadillas werden heute kommerziell in Brasilien, Venezuela und auf Hawaii angebaut, die gelben Maracujas dagegen in Südafrika, Sri Lanka, Taiwan, Australien und Neuseeland.

Lagerung

Reife Passionsfrüchte können mit oder ohne Schale etwa eine Woche im Kühlschrank aufbewahrt werden. Das Fruchtfleisch – püriert und luftdicht verpackt – hält sich im Tiefkühlfach mehrere Monate.

Inhaltsstoffe

Neben einem sehr hohen Gehalt an Vitamin C verfügen Maracujas über größere Mengen Niazin, Provitamin A, Kalium, Eisen, Magnesium

Jan	Feb	Mär	Apr	Mai	Jun	Jul	Aug	Sep	Okt	Nov	Dez
■	■	■	■	■	■			■	■	■	■

Süße Granadilla

und Phosphor. Der Saft der Frucht wirkt beruhigend; die Kerne werden als Wurmmittel verwendet.

Verfügbarkeit

Passionsfrüchte kommen bei uns ganzjährig in den Handel; man findet meist die dunklen Purpurgranadillas. Oft sind die exotischen Früchte nur bei gut sortierten Obst- und Gemüsefachhändlern zu bekommen.

Fütterungshinweise

Die beiden Varietäten der Maracuja (gelb und violett) sind im Geschmack sehr ähnlich. Da die purpurfarbenen Früchte allerdings ein fruchtiges Aprikosenaroma aufweisen und somit insgesamt etwas aromatischer sind, werden sie von den Papageien den gelben Früchten bevorzugt. Zahmen Großpapageien können halbierte Früchte gereicht werden. Die Krummschnäbel halten sie mit dem Fuß fest und löffeln das leckere, mit zahlreichen Samen durchsetzte geleeartige Fruchtfleisch heraus. Da unreife Passionsfrüchte recht sauer sein können, muss der passende Fütterungszeitpunkt gefunden werden. Man erkennt reife Purpurgranadillas leicht an der verschrumpelten Schale, die keine Druckstellen aufweisen darf. Unreife Früchte hingegen haben eine glatte Schale. Weil die Zugabe von Maracujas das Aroma anderer Früchte aufbessert, kann dies eine Möglichkeit sein, die Papageien an weitere, sonst verschmähte Früchte heranzuführen. Selbst von den schwer an Obst zu gewöhnenden Graupapageien (*Psittacus erithacus*) wird die Maracuja in der Regel dankbar als Abwechslung im Speiseplan angenommen.

Graupapagei

Honigmelone

Wassermelone

Melone

Die **Honig-** oder **Zuckermelone** (*Cucumis melo*) gehört wie die **Wassermelone** (*Citrullus lanatus*) zur Familie der Kürbisgewächse (Cucurbitaceae). Diese Pflanzen wachsen schnell und üppig, ihre Triebe kriechen am Boden entlang oder klettern mit Hilfe von Ranken. Eigentlich zählen Melonen zum Gemüse, werden jedoch meist als Obst gehandelt und auch als solches verzehrt.

Herkunft und Geschichte

Die vermutlich aus Ostafrika stammende Zuckermelone wurde in Ägypten schon vor Jahrtausenden kultiviert. Heute wird die einjährige Pflanze in vielen Ländern mit mediterranem und tropischem Klima angebaut, unter anderem in Israel und Japan. Es gibt zahlreiche Sorten, deren Früchte sehr vielgestaltig sind, die glatte, gefurchte oder gerippte, rissige oder genetzte, kahle oder fein behaarte Schalen haben und von weißlich gelb über gelb bis grün gefärbt sind. Bei der glattschaligen, gelben Honigmelone handelt es sich um die meistverbreitete Varietät der Zuckermelonen. Auch Wassermelonen stammen aus Afrika. Schon vor Jahrtausenden wurden sie von den Buschmännern der Kalahari als Wasserspender während der Trockenzeit genutzt.

Lagerung

Reife Früchte sind gekühlt nur wenige Tage lagerfähig. Zum Nachreifen werden sie bei Zimmertemperatur aufbewahrt. Man sollte die Melonen getrennt von anderem Obst lagern, da sie beträchtliche Mengen an Ethylen ausströmen. Da der Reifezustand von Wassermelonen schwierig einzuschätzen ist, empfiehlt es sich, aufgeschnittene Früchte zu kaufen.

Inhaltsstoffe

Honigmelonen bestehen zu etwa 90 % aus Wasser. Sie enthalten nennenswerte Mengen an Provitamin A und Vitamin C, außerdem Kalium, Kalzium und Phosphor. Wassermelonen weisen neben einem Wassergehalt von bis zu 95 % nennenswerte Mengen an Provitamin A und Vitaminen der B-Gruppe auf.

Verfügbarkeit

Die Hauptsaison für die Zuckermelone liegt bei uns in der Zeit von Mai bis Oktober, was allerdings hauptsächlich mit der erhöhten Nachfrage in diesem Zeitraum zu tun hat. Das Gleiche gilt

Honigmelone, Ogen-Typ

Netzmelone (Kulturform der Honigmelone)

für die Wassermelone. Während Zuckermelonen nahezu ganzjährig aus dem Mittelmeerraum importiert werden, kommen die Einfuhren der Wassermelonen hauptsächlich aus Italien und Spanien, aber auch aus den USA, der Türkei und Russland.

Fütterungshinweise

Reife Zuckermelonen können, gut abgewaschen, zu zwei Hälften aufgeschnitten und an einem Sitzast „aufgespießt" angeboten werden. Die Verarbeitung zu Obstsalat ist natürlich auch möglich, wenn auch etwas mühselig. Wegen ihres hohen Ölgehaltes sollten die Samen nur gelegentlich verfüttert werden; in der Regel werden diese von den Papageien auch nicht gerne angenommen. Auf Grund ihrer saftigen Süße sind die Honigmelonen eine willkommene Abwechslung auf dem Speiseplan fast aller Papageien, Sittiche und Loris.

Die nahe verwandten Wassermelonen spielen eine untergeordnete Rolle bei der Fütterung unserer Psittaziden; wegen ihres wässrigen und wenig aromatischen Geschmacks werden sie nur von wenigen Vögeln gerne genommen. Dennoch finden sich unter nahezu allen Papageiengattungen Liebhaber der sommerlich-frischen Früchte; an heißen Sommertagen steigt die Akzeptanz mitunter beträchtlich.

Jan	Feb	Mär	Apr	Mai	Jun	Jul	Aug	Sep	Okt	Nov	Dez

Kanarienflügelsittich

In Gegenden mit mildem Klima kann der Versuch unternommen werden, die sehr Wärme liebenden Pflanzen anzubauen. Zu diesem Zweck können die gereinigten, getrockneten Samen luftdicht verpackt bis zu zwölf Monaten aufgehoben werden, ohne dabei ihre Keimfähigkeit zu verlieren.

Papaya

Die Papaya (*Carica papaya*) gehört zu den in den Tropen Südamerikas beheimateten Melonenbaumgewächsen (Caricaceae). Im Deutschen bezeichnet man die Papaya auch als Melonenbaum.

Herkunft und Geschichte

Als ursprüngliche Heimat der Papaya wird das tropische Mittelamerika angesehen; der exakte Ursprung der Pflanze ist allerdings heute nicht mehr genau rekonstruierbar. Ihr Name geht auf die karibische Bezeichnung „Apapai" zurück. Heute werden die tropischen Früchte hauptsächlich in Süd- und Mittelamerika sowie Asien, aber auch in Afrika und Ozeanien angebaut.

Lagerung

Da Papayas recht empfindlich sind, sollten sie alsbald verbraucht werden. Im Kühlschrank können sie einige Tage aufbewahrt werden. Früchte von guter Qualität sind nicht zu weich; während das Fruchtfleisch orangerot ist, weist die Schale eine gelblich-grüne Farbe auf. Papayas mit grünem Fruchtfleisch wurden zu früh gepflückt; sie reifen nicht mehr nach.

Inhaltsstoffe

Papayas sind sehr reich an Provitamin A und enthalten außerdem die Vitamine B_1, B_2, B_5 und C. Die Nutzung der Frucht als Quelle für Papain, einem Eiweiß spaltenden Enzym, ist von großer wirtschaftlicher Bedeutung, da dieses zur Herstellung von Pepsinwein verwendet wird und außerdem als Fleischzartmacher bekannt ist.

Verfügbarkeit

Aus den Hauptexportländern werden die tropischen Früchte ganzjährig nach Europa importiert, so dass sie regelmäßig auf gut sortierten Märkten erhältlich sind.

Fütterungshinweise

Vor dem Verfüttern sollte die nicht essbare Schale entfernt werden. Dann wird die Frucht halbiert und die zahlreichen schwarzen Kerne entfernt. Die so entstandenen „Boote" werden am besten in kleine Stücke geschnitten; auf Grund ihres recht „glitschigen" Fruchtfleisches eignet sich die halbierte Frucht schlecht zum Aufspießen an einer Sitzstange oder Ähnlichem. Aufgeschnitten entfalten die Früchte ein herrliches Aroma. Zusammen mit anderen tropischen Früchten kann man einen exotischen Fruchtsalat mischen, der besonders von neotropischen Papageien oder Loris begeistert aufgenommen wird. Durch ihren melonenähnlichen Geschmack stellt die Papaya eine willkommene Abwechslung zu den Zucker- und Honigmelonen auf dem Speiseplan der Psittaziden dar. „Papayaliebhabern" unter den Papageien kann zur Abwechslung auch die nah verwandte **Babaco** (*Carica pentagona*) angeboten werden. Diese ist hauptsächlich von Oktober bis Dezember auf unseren Märkten erhältlich.

Papaya

Jan	Feb	Mär	Apr	Mai	Jun	Jul	Aug	Sep	Okt	Nov	Dez
■	■	■	■	■	■	■	■	■	■	■	■

Babaco

Jan	Feb	Mär	Apr	Mai	Jun	Jul	Aug	Sep	Okt	Nov	Dez
									■	■	■

Paranuss

Die Paranuss (*Bertholletia excelsa*) ist die Frucht des bis zu 50 m hohen Paranussbaumes, der eine ausladende Krone sowie einen mächtigen Stamm aufweist und zur Familie der Deckeltopfbäume (Lecythidaceae) zählt.

Herkunft und Geschichte

Der Paranussbaum ist nach Castanha-do-Pará (amtlich Belém), der Hauptstadt des brasilianischen Bundesstaates Pará, benannt. Er ist in Südamerika im Tiefland des Amazonas und Orinoco (Brasilien, Peru, Bolivien, Venezuela) heimisch und wächst dort an Standorten, die nie überschwemmt werden („terra firme"). Anbauversuche sind wegen der komplizierten Bestäubungsbiologie und der langen Kulturdauer bis zum Ertrag (10 bis 25 Jahre) weitgehend fehlgeschlagen. Die großen, dickschaligen und holzartig harten Früchte benötigen etwa 15 Monate zum Reifen; eine Frucht liefert 12 bis 24 Samen, die so genannten „Paranüsse".

Lagerung

Paranüsse in der Schale sind luftdicht, trocken und kühl gelagert bis zu einem Jahr haltbar. Ideal für die Lagerung sind Temperaturen um den Gefrierpunkt und 65-75 % relative Luftfeuchte. Paranüsse ohne Schale verderben schnell und sollten deshalb in einem fest verschlossenen Behälter im Kühlschrank aufbewahrt werden.

Inhaltsstoffe

Die Samen des Paranussbaumes sind außerordentlich gehaltvoll. Sie enthalten bis zu 70 % Fett, wenig Kohlenhydrate und viele Mineralstoffe (Phosphor, Kalium, Kalzium und Eisen) sowie nennenswerte Mengen an Vitamin B_1.

Verfügbarkeit

Paranüsse sind auf den europäischen Märkten ganzjährig erhältlich; die Importe kommen größtenteils aus Brasilien, aber auch aus Bolivien, Peru, Chile und Ecuador. Je früher die Importe (ab März bis Juni), desto geringer ist das Aflatoxin-Problem, da hier trocken gelagert werden kann.

Fütterungshinweise

Wegen des natürlichen, hohen Feuchtigkeitsgehaltes (25-30 %) werden Paranüsse nach der Ernte durch ein spezielles Erhitzungsverfahren auf 8-10 % Feuchtigkeit getrocknet. Dennoch sind die Nüsse oftmals mit Aflatoxinen belastet. Papageien sollte also nur allerbeste, frischeste Ware angeboten werden. Auf die Verfütterung von Paranusskernen ohne Schale ist wegen der schlechteren Haltbarkeit besser zu verzichten. Somit steht – wegen der harten Schale – die Paranuss nur für Großpapageien zur Verfütterung zur Verfügung. Wegen des sehr hohen Fettgehaltes ist zu empfehlen, Paranüsse nur als gelegentlichen Leckerbissen in geringen Mengen anzubieten. Zahme Aras oder Kakadus nehmen eine Paranuss gerne aus der Hand des Pflegers.

Jan	Feb	Mär	Apr	Mai	Jun	Jul	Aug	Sep	Okt	Nov	Dez

Pfirsich (links) und Nektarine (rechts), die als Spezialform des Pfirsichs gilt

Pfirsich

Wie der Apfel oder die Pflaume gehört auch der Pfirsich (*Prunus persica*) zur großen Familie der Rosengewächse (Rosaceae).

Herkunft und Geschichte

Wie die Aprikose stammt auch der Pfirsich aus China, wo er seit mehr als 2.000 Jahren kultiviert wird. Später gelangte er nach Japan, Persien, Griechenland und Rom. Die Römer lernten ihn vermutlich auf ihren Eroberungszügen in Persien kennen, worauf sein wissenschaftlicher Name hindeutet. Da der Pfirsich auf frostfreie Winter und warme Sommer angewiesen ist, wird er in Europa nur in südlichen Regionen angebaut. Die **Nektarine** (*Prunus persica* var. *nucipersica*) gilt heute als Spezialform des Pfirsichs; über ihre Herkunft bzw. Entstehung gibt es widersprüchliche Theorien.

Lagerung

Da Pfirsiche nur sehr begrenzt – am besten gekühlt – haltbar sind, sollten sie unbedingt reif gekauft werden, denn es bleibt kaum Zeit zum Nachreifen. Weil gekaufte Pfirsiche und Nektarinen meist bereits längere Transportwege hinter sich haben, empfiehlt sich eine schnelle Verarbeitung.

Inhaltsstoffe

Pfirsiche enthalten vor allem Provitamin A und Vitamine der B-Gruppe. An Mineralstoffen sind Kalzium, Phosphor, Kalium und Eisen zu

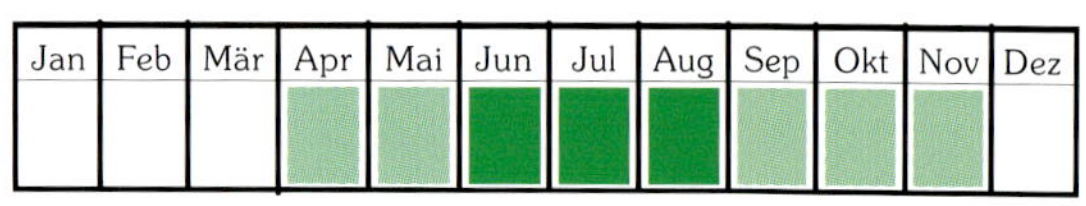

Goldscheitelsittich

nennen. Das Fruchtfleisch wirkt harntreibend und leicht abführend.

Verfügbarkeit

Pfirsiche und Nektarinen sind bedingt durch Importe aus verschiedenen Erdteilen beinahe ganzjährig bei uns erhältlich, wobei das größte Angebot von Juni bis September auf unseren Märkten zu finden ist. In den Sommermonaten stammen die Einfuhren aus südeuropäischen Ländern, in den Wintermonaten hauptsächlich aus Chile und Südafrika.

Fütterungshinweise

Konventionell angebaute Pfirsiche und Nektarinen sind meist mit Schadstoffen belastet, weshalb sie vor dem Verzehr gründlich mit heißem und anschließend mit kaltem Wasser abgewaschen werden müssen. Da der Stein wegen der enthaltenen Blausäure auf jeden Fall herausgelöst werden sollte, bevor die Frucht an die Psittaziden verfüttert wird, ist zu empfehlen, beim Einkauf Sorten mit leichter Steinlöslichkeit zu wählen. Sorten mit gelbem Fruchtfleisch werden von den Papageien lieber gefressen als Pfirsiche mit weißem Fruchtfleisch; erstgenannte sind meist ein wenig aromatischer und saftiger. Pfirsiche und Nektarinen sind bei den meisten Papageienarten recht beliebt; Pfirsiche werden ihres fruchtigeren Aromas wegen oft besser angenommen als Nektarinen. Sie dürfen nicht überreif sein. Eine besondere Vorliebe für die saftigen Früchte wurde bei Vögeln der Gattung *Brotogeris* beobachtet.

Pflaumen

Zwetschgen

Pflaume

Zur großen Familie der Rosengewächse (Rosaceae) gehört auch die Unterfamilie des Steinobstes, zu der die Pflaume (*Prunus domestica*) zählt. Durch Kreuzungen und Züchtungen sind die nahen Verwandten **Zwetschge**, **Mirabelle** und **Reineclaude** entstanden.

Herkunft und Geschichte

Heute wird die europäische Pflaume als ein Artbastard aus **Schlehe** (*Prunus spinosa*) und **Kirschpflaume** (*Prunus cerasifera*) angesehen. Es ist also wahrscheinlich, dass die Pflaume im Verbreitungsgebiet dieser beiden Arten, dem nördlichen Kaukasus, ihren Ursprung hatte. Von Syrien aus kam sie zunächst nach Griechenland, später brachten sie die Römer nach Italien und ca. 100 n. Chr. in die besetzten Gebiete nördlich der Alpen. Damals waren bereits etwa 300 Sorten bekannt. Heute werden mehr als 2.000 Sorten unterschieden, die weltweit angebaut werden. Die Hauptproduktion beschränkt sich allerdings auf Asien, Europa sowie Nord- und Mittelamerika.

Lagerung

Die Früchte lassen sich gekühlt gut lagern, bei Zimmertemperatur reifen sie rasch nach und müssen schnell verbraucht werden. Bei längerer Lagerung ist es ratsam, beschädigte Exemplare auszusortieren. Beim Kauf sollten die Früchte von kräftiger Farbe sein und auf Fingerdruck leicht nachgeben. Gründlich gewaschen und entsteint können die verschiedenen Pflaumensorten gut eingefroren werden.

Inhaltsstoffe

Pflaumen enthalten nahezu alle Vitamine der B-Gruppe, weshalb sie positiv auf das Stoffwechselgeschehen des Körpers einwirken. Weiterhin enthalten sie nennenswerte Mengen an Kohlenhydraten und den Mineralstoffen Kalium, Magnesium, Kalzium und Phosphor.

Verfügbarkeit

Heimische Pflaumen, Zwetschgen, Mirabellen und Reineclauden haben von Ende Juli bis Oktober Saison. Importware erreicht unsere Märkte von Ende Juni bis Ende Oktober. Hauptlieferanten sind die süd- und osteuropäischen Länder.

Fütterungshinweise

Während die dunkelfrüchtigen Sorten Zwetschge und Pflaume saftiger und weniger süß schmecken, sind die hellfrüchtigen Sorten Mirabelle und Reineclaude in ihrem Aroma fruchtiger und süßer. Entsprechend der individuellen Vorliebe der Papageien kann man also im Angebot variieren. Nach meinen Erfahrungen sind Zwetschge und Pflaume bei afrikanischen Papageien und australischen Sittichen beliebter, während Mirabelle und Reineclaude eher unter südamerikanischen Papageien und Loris ihre Anhänger finden. Durch das Einfrieren werden Pflaumen und Zwetschgen recht wässrig und von den Psittaziden verschmäht. In jedem Fall ist also anzuraten, frische Ware anzubieten. Beim Einkauf ist es gut, Früchte auszuwählen, die mit einer weißlichen Wachsschicht überzogen sind, welche vor dem Verfüttern entfernt wird. Glänzende Früchte wurden behandelt und müssen sehr gut abgewaschen werden. Die Steine sollten wegen der blausäureähnlichen Inhaltsstoffe vor dem Verfüttern entfernt werden. Auch die „Stammmutter" unserer europäischen Pflaume, die Schlehe, wird von vielen Papageien und Sittichen gerne angenommen.

Pflaume und Zwetschge

Jan	Feb	Mär	Apr	Mai	Jun	Jul	Aug	Sep	Okt	Nov	Dez

Mirabelle und Reineclaude

Jan	Feb	Mär	Apr	Mai	Jun	Jul	Aug	Sep	Okt	Nov	Dez

Mirabellen
(Bild oben)

Graupapagei
(Bild links)

Stachelbeere

Die Stachelbeere (*Ribes uva-crispa*) gehört zur Familie der Stachelbeergewächse (Grossulariaceae), die nur die Gattung *Ribes* enthält. Früher wurde diese Gattung meist zu den Steinbrechgewächsen (Saxifragaceae) gestellt. Die Kultursorten stammen von der **Garten-Stachelbeere** (*Ribes uva-crispa grossularia*) ab.

Herkunft und Geschichte

Die ursprüngliche Heimat der Stachelbeere ist Eurasien. Sie besiedelt fast ganz Europa und ist ostwärts bis in die Mandschurei verbreitet, außerdem in Nordafrika. Heute wird sie auch in Kalifornien angebaut. Den Gattungsnamen *Ribes* erhielt die Stachelbeere von Arabern, welche sich in Spanien angesiedelt hatten. Sie entdeckten eine geschmackliche Ähnlichkeit der dort wachsenden Früchte mit dem Rhabarber (*Rheum ribes*) ihrer Heimat.

Lagerung

Da reife Stachelbeeren sehr zum Aufplatzen neigen, werden für den Handel bestimmte Früchte meist unreif geerntet. Beim Einkauf sollten die Früchte nicht mehr ganz hart und von gleichmäßiger Färbung sein. Noch nicht ganz ausgereifte Beeren lassen sich im Kühlschrank einige Tage aufbewahren. Die Stachelbeeren eignen sich roh als ganze Früchte gut zum Einfrieren.

Jan	Feb	Mär	Apr	Mai	Jun	Jul	Aug	Sep	Okt	Nov	Dez
					■	■	■				

Inhaltsstoffe

Stachelbeeren sind reich an Vitamin C und E, Vitaminen der B-Gruppe und Provitamin A. Auch Mineralstoffe und Spurenelemente wie Kalzium, Kalium, Phosphor, Natrium und Silizium sind in nennenswerten Mengen enthalten. Der säuerliche Geschmack beruht vor allem auf dem hohen Gehalt an Apfel- und Zitronensäure.

Verfügbarkeit

Hierzulande produzierte Stachelbeeren sind im Juli und August erhältlich. Durch Importe aus Ungarn, Polen, Tschechien und den Niederlanden wird das Angebot ergänzt.

Bild rechts: **Grünzügelpapagei**

Fütterungshinweise

Auf Grund ihres säuerlichen Geschmacks stellen die Stachelbeeren sicher kein bevorzugtes Obst in der Papageienfütterung dar. Dennoch werden sie von einzelnen Individuen sehr gerne angenommen. Leider liegen über die Akzeptanz dieser Früchte bei Papageien kaum Erfahrungen vor. Meine Grünzügelpapageien (*Pionites melanocephala*) nehmen die Beeren mit der gleichen Begeisterung wie alle anderen Obstsorten an. Generell stellen die Stachelbeeren vor allem für Papageien, die süßes Obst meist verschmähen, wie etwa Graupapageien (*Psittacus erithacus*) oder Langflügelpapageien (*Poicephalus* spp.), während der Sommermonate eine interessante Abwechslung im Speiseplan dar.

Walnuss

Von den Griechen wurde der Walnussbaum (*Juglans regia*) vor allem wegen des in den Walnüssen enthaltenen Öls geschätzt; bei den Römern galt er sogar als heilig. Auch in anderen Kulturen wurde der Baum lange Zeit verehrt, da er sehr alt wird und viele Generationen überdauert.

Herkunft und Geschichte

Der bereits seit Jahrtausenden kultivierte Walnussbaum war ursprünglich an den Ufern des Kaspischen Meeres sowie in Nordindien heimisch und gelangte mit den Römern nach Europa, wo er seit dem 4. Jahrhundert n. Chr. angepflanzt wird. Heute finden wir ihn in allen mild-gemäßigten Zonen der Erde.

Lagerung

Vor Hitze und Feuchtigkeit geschützt, halten sich Walnüsse mit Schale in einem fest verschlossenen Behälter zwei bis drei Monate. Walnusskerne sollte man im Kühlschrank aufbewahren und schnell verbrauchen, da sie leicht verderblich sind.

Inhaltsstoffe

Neben Kupfer und Magnesium enthalten Walnüsse viel Kalium, Folsäure sowie Vitamin B_1 und B_6, außerdem etwas Phosphor, Eisen, Nikotinsäure, Vitamin B_2 und Pantothensäure. Überdies sind sie sehr ballaststoffreich.

Verfügbarkeit

Walnüsse sind heute nahezu ein Ganzjahresartikel geworden, wobei die Hauptabsatzzeit bei uns in der Advents- und Weihnachtszeit liegt. Der Großteil der nach Deutschland eingeführten Ware kommt aus Kalifornien; die frisch importierten Nüsse sind ab Oktober im Handel erhältlich.

Walnuss

Jan	Feb	Mär	Apr	Mai	Jun	Jul	Aug	Sep	Okt	Nov	Dez
■	▒							■	■	■	■

Pecanuss

Jan	Feb	Mär	Apr	Mai	Jun	Jul	Aug	Sep	Okt	Nov	Dez
▒	▒								▒	▒	▒

Fütterungshinweise

Auf Grund ihres hohen Fettgehaltes (ungefähr 60%) sollten Walnüsse nur gelegentlich als Leckerbissen unseren Papageien angeboten werden. Viele Tiere verschmähen dabei erstaunlicherweise die reinen Walnusskerne, wohingegen sie sich meist gerne Walnusshälften mit Schale anbieten lassen, die sie dann mit Hingabe bearbeiten. Damit ist auch etwas für den Beschäftigungstrieb der Krummschnäbel getan. Zahmen Papageien gibt man die Walnusshälften am besten aus der Hand. Große Ara- oder Kakaduarten können natürlich auch ganze Walnüsse mit Leichtigkeit „knacken“. Wegen der potenziellen Verpilzungsgefahr sollte man nur frische Nüsse anbieten, bei denen die Schalenhälften dicht miteinander verbunden sind. Auf Ware ungewisser Herkunft ist vorsichtshalber zu verzichten. Auch die nah verwandte, aus den USA stammende Pecannuss (*Carya illinoinensis*) stellt einen Leckerbissen auf dem Speiseplan der Papageien dar.

Weintraube

Wie schon ihr Name verrät, werden gut 80 Prozent aller geernteten Weintrauben zu Wein verarbeitet, nur etwa zehn Prozent werden frisch verzehrt, der Rest zu Rosinen getrocknet. Auf dem Weltmarkt ist Deutschland der größte Käufer von **Tafeltrauben**.

Herkunft und Geschichte

Die Wildform der Reben (*Vitis vinifera*) – die Kulturrebe ist eine der ältesten und am weitesten verbreiteten Kulturpflanzen der Erde – stammt aus Transkaukasien und Mittelasien. Funde von primitiven Formen der Weinrebe reichen bis in die frühe Erdgeschichte (Tertiär) zurück. Überall dort, wo sie geeignete klimatische Bedingungen findet, wird sie seit Tausenden von Jahren kultiviert. Heute werden etwa zwei Drittel der weltweiten Ernte in Europa produziert. Die bei uns zum Frischverzehr angebotenen Trauben kommen hauptsächlich aus südeuropäischen Ländern sowie aus Frankreich. Es haben sich mehrere hundert Sorten mit sehr unterschiedlichen Eigenschaften entwickelt.

Lagerung

Gekühlt aufbewahrt, bleiben reife Früchte einige Tage frisch, bei Raumtemperatur beginnen sie schnell zu schrumpeln und zu faulen. Trauben von guter Qualität sind prall, unverletzt und von gleichmäßiger Färbung. Um ihr Aroma voll zu entfalten, sollten sie etwa eine halbe Stunde vor dem Verzehr aus dem Kühlschrank genommen werden.

Inhaltsstoffe

Weintrauben sind sehr ballaststoffreich und verfügen mit Ausnahme von Vitamin B_{12} über alle Vitamine der B-Gruppe. Auch Kalium, Kalzium, Phosphor, Eisen und Vitamin C sind in größeren Mengen enthalten. Der Fruktosegehalt wirkt sich positiv auf die Leistungsfähigkeit (Zuchtsaison!) aus.

Verfügbarkeit

Auf Grund bester logistischer Voraussetzungen sind Weintrauben bei uns heutzutage ganzjährig erhältlich. Außerhalb der Hauptsaison (Juli bis Oktober) sind die Preise allerdings, bedingt durch lange Transportwege, recht hoch.

Fütterungshinweise

Wegen eventuell anhaftender Spritzmittelrückstände müssen die Trauben gründlich heiß gewaschen werden, bevor man sie den Papageien zum Verzehr anbietet. Helle Sorten, deren Schale leicht gelb getönt ist, sind besonders süß und werden bevorzugt gefressen, blaue Trauben sind nicht so begehrt. Im Idealfall wählt man außerdem Trauben mit Kernen, die von den Vögeln gerne herausgepickt werden. Die Beeren sollten in zwei Hälften geschnitten sein, dann werden sie von den Papageien am liebsten aufgenommen – nicht zuletzt deshalb, weil sie diese mit ihren Schnäbeln besser festhalten können. Liebhaber von süßen und saftigen Früchten, z.B. Amazonen (*Amazona* spp.) oder neotropische Sittiche (*Aratinga* spp., *Brotogeris* spp., *Pyrrhura* spp.), sind besonders leicht von der Frucht zu begeistern. Auch getrocknete Weintrauben, die **Rosinen**, werden von vielen Papageien sehr gerne angenommen.

Jan	Feb	Mär	Apr	Mai	Jun	Jul	Aug	Sep	Okt	Nov	Dez

Weitere zur Fütterung von Papageien geeignete Früchte

Ananas

Die Ananas (*Ananas comosus*) gehört zu den Bromeliengewächsen (Bromeliaceae). Ursprünglich in den tropischen Ländern Südamerikas beheimatet, wird die Ananas seit uralten Zeiten in Südamerika und auf den Westindischen Inseln kultiviert. Mit Kolumbus gelangte die Frucht 1493 nach Europa, doch alle Versuche, sie hier anzubauen, blieben weitgehend erfolglos. Später gelangte die Ananas auch nach Australien, auf die Pazifikinseln und in mehrere Länder Afrikas und Asiens, wobei Thailand und die Philippinen die Hauptproduzenten sind. Eine reife Ananas ist nur etwa vier bis fünf Tage haltbar; deshalb werden die Früchte bei uns meist halbreif angeboten. Zum Nachreifen bewahrt man sie auf einer weichen Unterlage in einem mäßig warmen Raum auf. Erst im vollreifen Zustand entfalten die Früchte ihre optimale Süße; sie geben dann auf leichten Druck nach und sind von eher dunkler Farbe. Die tropische Frucht enthält sämtliche Vitamine, insbesondere Biotin, B_{12}, C und E, sowie 16 Mineralstoffe, wobei hier Kalium, Magnesium, Kalzium und Phosphor an erster Stelle zu nennen sind. Sie ist bei uns ganzjährig erhältlich. Da die Schale der Ananas nicht essbar ist, sollte die Frucht vor dem Verfüttern auf jeden Fall geschält werden. Dazu schneidet man Schopf und Stielansatz ab, viertelt sie senkrecht, schneidet den holzigen Strunk heraus und schält die Fruchtviertel. Auch die daraufhin verbliebenen „Augen" werden herausgeschnitten. Sodann kann die Frucht entweder in ganzen Vierteln oder zu kleinen Stückchen aufgeschnitten den Vögeln angeboten werden. Leider entsteht beim Schälen etwa 40 bis 50 % Abfall.

Ananas

Jan	Feb	Mär	Apr	Mai	Jun	Jul	Aug	Sep	Okt	Nov	Dez

Ananas

Cashewnuss

Der bis zu 12 m hohe Cashewbaum (*Anacardium occidentale*) bringt eine birnenförmige Frucht – den Cashewapfel – hervor, an dessen Spitze die etwa 2 cm lange, nierenförmige Cashewnuss sitzt. Der Cashewapfel selbst ist nicht versandfähig, wird allerdings in seiner Heimat verzehrt. Cashewkerne werden zu etwa 90 % aus Indien importiert, aber auch aus Brasilien, Indonesien und China. Die süßlich schmeckenden Kerne enthalten neben Kalzium, Phosphor, Kalium und Provitamin A die Vitamine B_1, B_2 und E. Die

Cashewnuss

Guave: ganze Frucht (Bild oben) und halbiert

Schale der Cashewnuss ist ungenießbar und hat einen hohen Anteil an giftigen Substanzen. Cashewkerne werden von vielen Papageien gerne angenommen. Man muss allerdings streng darauf achten, dass nur ungesalzene Kerne angeboten werden.

Cashewnuss

Jan	Feb	Mär	Apr	Mai	Jun	Jul	Aug	Sep	Okt	Nov	Dez

Grapefruit

Grapefruit

Die Grapefruit (*Citrus x paradisi*) wurde höchst wahrscheinlich Anfang des 18. Jahrhunderts auf Barbados (Kleine Antillen) als Hybride zwischen der Orange (*Citrus sinensis*) und der Pampelmuse (*Citrus maxima*) gezüchtet. Der erste kommerzielle Anbau fand Ende des 19. Jahrhunderts in Florida statt; heute wird sie weltweit in vielen Zitrusanbauländern kultiviert. Grapefruits sind auf unseren Märkten – bedingt durch Importe aus verschiedenen Anbaugebieten – ganzjährig erhältlich. Neben Zucker, organischen Säuren, Mineralstoffen und Vitaminen der B-Gruppe ist vor allem sehr viel Vitamin C in den Zitrusfrüchten enthalten. Grapefruit-Hybriden, die aus Kreuzungen von säurearmen **Pampelmusen** mit kernhaltigen weißen Grapefruits entstanden sind, wie etwa die Sorten „Oroblanco", „Sweetie" oder „Melogold", schmecken weniger bitter als „echte" Grapefruits und werden bevorzugt von den Papageien angenommen. In einem Obstsalat mit süßen, exotischen Früchten stellt die Zugabe von Grapefruitfleisch vor allem im Sommer eine willkommene, frisch-saure Komponente dar.

Grapefruit

Jan	Feb	Mär	Apr	Mai	Jun	Jul	Aug	Sep	Okt	Nov	Dez

Guave

Guave

Die Guave (*Psidium guajava*) ist die Beerenfrucht eines immergrünen kleinen Baumes, der bis zu 10 m Höhe erreicht. Ihr Ursprung wird im tropischen Zentralamerika vermutet. Heute wird die Frucht in nahezu allen tropischen und subtropischen Gebieten der Erde angebaut. Die dünne, wachsartige Schale wird bei Reife hellgrün oder gelb und gibt auf leichten Fingerdruck nach. In das weiche und saftige Fruchtfleisch sind zahlreiche, scharfkantige und verholzte Kerne eingebettet. Es gibt weiß- und rotfleischige Sorten. Mit einem Anteil von bis zu 900 mg/100 g gehört die Guave zu den Vitamin-C-reichsten Obstarten; weiterhin enthält sie nennenswerte Mengen an Zitronen- und Apfelsäure, Pektinen, Provitamin A, Niazin, Kalium, Phosphor und Eisen. Das bei Vollreife sehr intensiv duftende Fruchtfleisch schmeckt süßsäuerlich-aromatisch und wird vor allem von Loris und Edelpapageien gerne genommen. Kakadus und Aras mögen die Frucht lieber im halbreifen Zustand. Besonders der Samen ist sehr begehrt (LOW 2001). Leider sind die Früchte zwar ganzjährig, aber nur sehr sporadisch auf unseren Märkten erhältlich. Guavensaft gilt als einer der aromatischsten Säfte überhaupt und eignet sich daher vorzüglich als Grundlage eines Loribreis der besonderen Art.

Guave

Jan	Feb	Mär	Apr	Mai	Jun	Jul	Aug	Sep	Okt	Nov	Dez

Johannisbrot

Johannisbrot

Die Kultur des Johannisbrotbaumes (*Ceratonia siliqua*) ist uralt. Von Palästina und Syrien aus hat sich die Pflanze – zum Teil verwildert – über die gesamte Mittelmeerregion ausgebreitet. Hauptproduzent ist heute Spanien. Nach der Legende dienten die Früchte des Baumes Johannes dem Täufer in der Wüste neben Heuschrecken als Nahrung – daher ihr deutscher Name. Die 10-27 cm langen, an den Rändern verdickten, glänzend braunen und getrockneten Fruchthülsen stellen – zerkleinert in fingernagelgroße Stücke – einen wichtigen Bestandteil bei der Zusammenstellung vieler Samenmischungen für Papageien oder andere Fertigfutterprodukte dar. So wird Johannisbrot von vielen Papageienhaltern und –züchtern mehr oder weniger „unwissentlich" verfüttert. Nach meinen eigenen Erfahrungen stoßen die Johannisbrotstückchen – im Vergleich zu anderen in Fertigmischungen enthaltenen getrockneten Früchten – auf eine verhältnismäßig hohe Akzeptanz.

Johannisbrot

Jan	Feb	Mär	Apr	Mai	Jun	Jul	Aug	Sep	Okt	Nov	Dez
							▒	▒	▒	▒	

Macadamianuss

Die Heimat der Macadamianuss (*Macadamia ternifolia*) liegt im Osten Australiens. Nachdem sie 1882 in Hawaii eingeführt worden war, fand sie von dort aus Verbreitung in vielen tropischen und subtropischen Ländern. Zusammen mit den **Mandeln** gelten Macadamianüsse als die feinsten und wohlschmeckendsten aller Nussarten, weshalb sie bei allen „Nussliebhabern" unter den Papageien (insbesondere Aras, Amazonen, Graupapageien und Kakadus) besonders beliebt sind. Da sie allerdings zusammen mit der **Pecannuss** den höchsten Fett- beziehungsweise Ölgehalt (70-80 %) aufweisen, sollten sie nur als gelegentlicher Leckerbissen angeboten werden. Weiterhin enthalten sie Kalium, Magnesium, Kalzium, Eisen, Phosphor sowie Vitamine der B-Gruppe.

Macadamianuss

Jan	Feb	Mär	Apr	Mai	Jun	Jul	Aug	Sep	Okt	Nov	Dez
▒	▒	▒	▒	▒	▒	▒	▒	▒	▒	▒	▒

Mandel

Mandeln (*Prunus dulcis*) gehören zur Familie der Rosengewächse (Rosaceae). Als Heimat gelten Vorder- und Zentralasien; heute werden sie überwiegend in den USA sowie im Mittelmeerraum angebaut. Bezüglich ihres Geschmacks und ihrer Akzeptanz bei den Papageien gilt das bei der **Macadamianuss** Geschriebene. Neben 54 % Fett enthalten Mandeln viel Eiweiß und Kohlenhydrate, aber auch wichtige Mineralstoffe (Kalium, Phosphor, Eisen, Kalzium, Magnesium) sowie die Vitamine B_1, B_2 und B_6. Mandelsorten mit harter Schale werden meist bereits im Erzeugerland aufgeschlagen; es kommen nur die Kerne in den Handel. **Krachmandeln** (*Prunus dulcis* var. *fragilis*) dagegen werden mit Schale exportiert. Sie haben somit einen höheren „Beschäftigungswert" für die Papageien. Während das Hauptgeschäft für Krachmandeln in die Weihnachtszeit fällt, sind Mandelkerne ganzjährig erhältlich.

Mandel

Jan	Feb	Mär	Apr	Mai	Jun	Jul	Aug	Sep	Okt	Nov	Dez
▒	▒	▒	▒	▒	▒	▒	▒	█	█	█	█

Johannisbrot

Macadamianuss

Mandel

Mangostane

Mangostane

Die aus der Inselwelt des Malaiischen Archipels stammende Mangostane (*Garcinia mangostana*) ist bei uns leider nur sehr selten in überdurchschnittlich gut sortierten Obst- und Gemüsehandlungen zu finden. Sie zählt zu den köstlichsten Obstfrüchten der Erde. Das geringe Angebot ist sicher darauf zurückzuführen, dass es sich um eine äußerst heikle Frucht handelt, die erst kurz vor der Vollreife geerntet wird und gekühlt nur kurze Zeit gelagert werden kann. Mangostanen verderben schnell; ihr Fruchtfleisch wird braun, wässrig und ungenießbar. Kleine Mengen kommen aus Thailand, Malaysia und Indonesien nach Europa. Der Preis ist recht hoch, besonders gemessen an der Tatsache, dass der Fruchtfleischanteil jeder einzelnen Frucht nur etwa 30 Prozent beträgt. Der erlesene, süß-zartsäuerliche und erfrischende Geschmack des schneeweißen, weichen Fruchtfleisches findet besonders unter neotropischen Sittichen und Loris begeisterte Anhänger. Die Mangostane verfügt über nennenswerte Mengen an Kalzium, Phosphor, Eisen und Vitamin C.

Nashi

Mangostane

Jan	Feb	Mär	Apr	Mai	Jun	Jul	Aug	Sep	Okt	Nov	Dez
■	■	■		■	■	■	■	■	■	■	■

Palmfrüchte

Nashi

Die Nashi (*Pyrus pyrifolia*) wird auch „**Japanische Birne**" genannt, womit auch bereits ihre Heimat erklärt ist. Sie unterscheidet sich schon allein in der Form deutlich von der europäischen Birne (*Pyrus communis*); ihr Aussehen gleicht eher dem eines Apfels. Ihr mildes Aroma und knackiges Fruchtfleisch hebt sie deutlich von den europäischen Birnen ab, weshalb sie auch als „**Apfelbirne**" bezeichnet wird. Viele Papageien, die gerne Äpfel annehmen, verschmähen dagegen Birnen, nicht zuletzt, weil viele Birnensorten im fortgeschrittenen Reifezustand schnell matschig werden. Die Nashi stellt somit eine willkommene Alternative für solche Vögel dar. Ihre Inhaltsstoffe sind mit denen unserer Birne vergleichbar.

Nashi

Jan	Feb	Mär	Apr	Mai	Jun	Jul	Aug	Sep	Okt	Nov	Dez
■	■	■	■	■	■	■	■	■	■	■	■

Demerarasittich auf einer halbierten Nashi

Palmfrüchte

In jüngerer Zeit werden von gut sortierten Fachhändlern gelegentlich Palmfrüchte angeboten (KÜNNE 2000a), die für die Ernährung der Hyazintharas (*Anodorhynchus hyacinthinus*) und Lear-Aras (*Anodorhynchus leari*) von Bedeutung sind (PITTMAN 1994). Dies sind z. B. die Früchte der Acuri-Palme (*Attalea phalerata*) oder der Bocaiuva-Palme (*Acromia aculeata*). Ist man im Besitz der schönen Aras und bekommt Gelegenheit, solche Früchte in gutem Zustand zu erhalten, sollte man nicht zögern.

Palmfrüchte

Jan	Feb	Mär	Apr	Mai	Jun	Jul	Aug	Sep	Okt	Nov	Dez
■	■	■	■	■	■	■	■	■	■	■	■

Pinienkerne

Die Pinie (*Pinus pinea*) zählt zu den Kieferngewächsen (Pinaceae). Es gibt etwa 90 verschiedene *Pinus*-Arten; etwa ein Dutzend davon produzieren wiederum essbare Samen. Viele Papageien nehmen Pinienkerne bereitwillig an, vor allem lieben sie es, deren Schale zu öffnen. Besonders von vielen Kakaduarten, insbesondere dem Helmkakadu (*Callocephalon fimbriatum*) werden sie sehr gerne gefressen (KÜNNE 2000a).

Pinienkerne

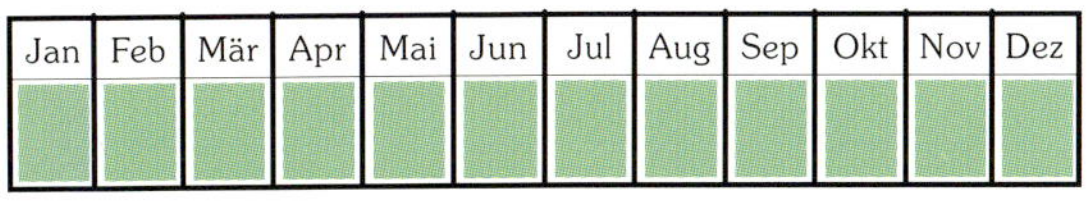

Preiselbeere

Das Hauptvorkommen der in Eurasien beheimateten Preiselbeere (*Vaccinium vitis-idaea*) liegt in den Wäldern der skandinavischen Länder. Sie ist eine der wenigen Fruchtarten, die ausschließlich an den Plätzen ihres natürlichen Vorkommens gesammelt werden. Der herbsaure Geschmack entsteht durch die zahlreich enthaltenen Säuren, daneben enthalten Preiselbeeren wichtige Mineralstoffe, viel Pektin und Provitamin A sowie Vitamine der B-Gruppe und Vitamin C. Ihrem hohen Gehalt an Benzoesäure verdanken sie ihre erstaunlich lange Haltbarkeit. Leider liegen über die Akzeptanz der Preiselbeeren bei Papageien bislang keine ausreichenden Erkenntnisse vor.

Preiselbeere

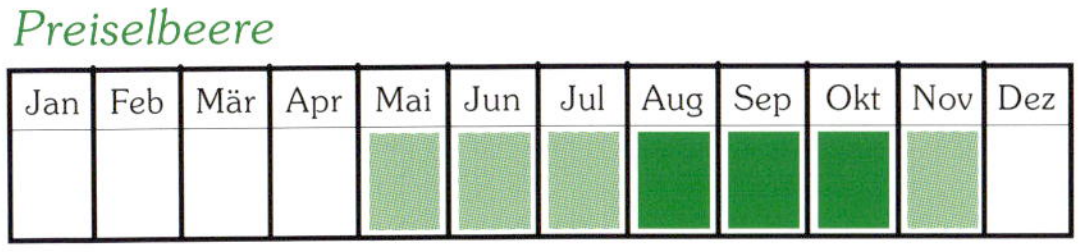

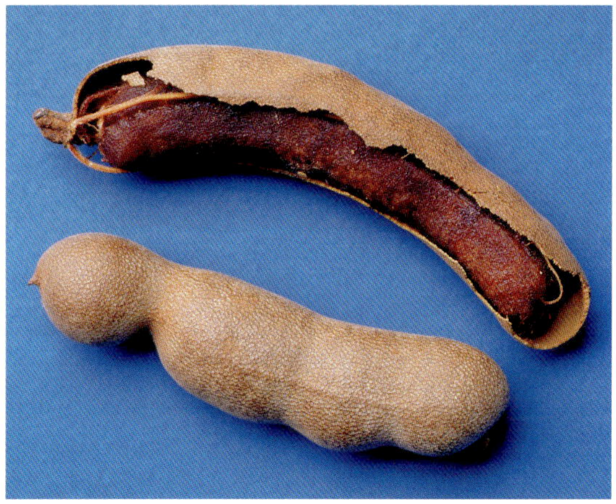

Tamarinde

Die im tropischen Sommerregengebiet Ostafrikas beheimatete Tamarinde (*Tamarindus indica*) wird auch „**Indische Dattel**“ genannt, was der Übersetzung des arabischen „tamar-u`l-Hind“ gleichkommt. Tatsächlich ist ihr Geschmack ähnlich dem einer Dattel. Wie bei der Dattel ist auch bei der Tamarinde der Zuckergehalt mit 30-40 % außerordentlich hoch; die tropische Frucht enthält weiterhin etwa 20 % Fruchtsäuren, verschiedene Mineralstoffe sowie Provitamin A und Vitamine der B-Gruppe. Das bräunliche bis schwarzrötliche Fruchtmark ist etwas klebrig und hat einen stark süß-säuerlichen Geschmack. Tamarinden werden von vielen Papageien den Datteln bevorzugt.

Tamarinde

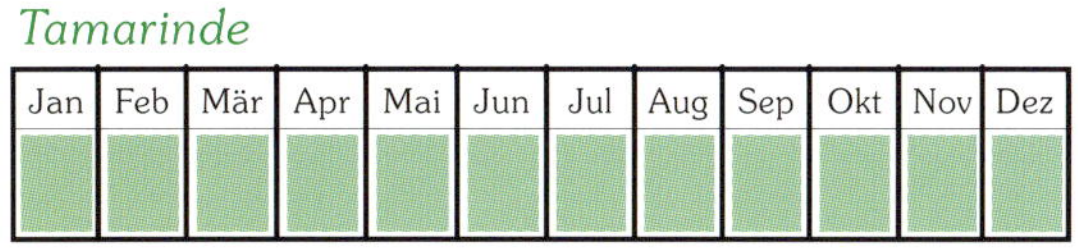

Pinienkerne

Preiselbeere

Tamarinde
(Bild oben)

Spinat

Blumenkohl und Brokkoli

Sowohl der Blumenkohl (convar. *botrytis*) als auch der Brokkoli (var. *italica*) gehören der gleichen Art an (*Brassica oleracea*); wegen ihres ähnlichen Geschmacks, ihrer sehr nahen Verwandtschaft und ähnlichen Wuchsform sollen sie hier gemeinsam behandelt werden.

Herkunft und Geschichte

Die Urformen unserer Kohlpflanzen wuchsen entlang der Atlantik- und Mittelmeerküste. Man nimmt heute an, dass kultivierter Kohl aus vielen Wildpflanzen der Kohlfamilie hervorgegangen ist. Blumenkohl ist seit dem Rom der Kaiserzeit bekannt; Brokkoli ist vermutlich älter. Beide Arten werden heute in ganz Europa angebaut.

Lagerung

Beide Kohlsorten eignen sich nur unzureichend zur Lagerung; sie sollten möglichst frisch verarbeitet werden. Durch zu lange Aufbewahrung verlieren sie erheblich an Geschmack. Nachdem sie kurz blanchiert wurden, können sie gut eingefroren werden. Beim Einkauf des Blumenkohls ist auf einen angenehmen Duft und feste Röschen zu achten; frischer Brokkoli zeichnet sich durch frisch-grüne Blütenknospen und geschlossene Köpfe aus.

Inhaltsstoffe

Während der Brokkoli Provitamin A, Vitamine der B-Gruppe, Vitamin C sowie die Mineralstoffe Kalzium, Eisen und Kalium enthält, ist der Blumenkohl reich an Vitamin C, Vitaminen der B-Gruppe und den Mineralstoffen Eisen, Kalium und Magnesium.

Verfügbarkeit

Beide Kohlgewächse sind ganzjährig erhältlich, am preiswertesten – bedingt durch das heimische Angebot – von Juni bis Oktober. Importierte, in den Wintermonaten angebotene Ware ist leider oft bereits bei der Ankunft im Handel nicht mehr im besten Zustand.

Fütterungshinweise

Neben dem Kohlrabi sind Blumenkohl und Brokkoli wohl die einzigen Kohlsorten, die unbedenklich an Papageien verfüttert werden können. Bei anderen Kohlsorten wurden nach der Verfütterung oftmals Verdauungsstörungen festgestellt. Blumenkohl und Brokkoli können sowohl roh als auch gekocht (in ungesalzenem Wasser) angeboten werden. Gekocht wird das Gemüse meist lieber angenommen, da es weicher und zarter ist. Der Brokkoli wird als „edler Bruder" dem Blumenkohl oft vorgezogen. Auf frische Ware ist allerdings streng zu achten. Besondere Liebhaber der beiden Kohlgemüse finden sich unter den Amazonen, aber auch unter den Kakadus oder den australischen Sittichen.

Blumenkohl

Jan	Feb	Mär	Apr	Mai	Jun	Jul	Aug	Sep	Okt	Nov	Dez

Brokkoli

Jan	Feb	Mär	Apr	Mai	Jun	Jul	Aug	Sep	Okt	Nov	Dez

Bohne und Erbse

Die Erbse (*Pisum sativum*), die Bohne (*Phaseolus* spp.) und die **Dicke Bohne** (*Vicia faba*) sind die wohl bedeutendsten Hülsenfrüchte und gehören zur Familie der Schmetterlingsblütler (Leguminosae).

Herkunft und Geschichte

Die Urform der **Gartenbohne** (*Phaseolus vulgaris* ssp. *vulgaris*) stammt aus Mittel- und Südamerika und wird heute noch in den Andengebieten angebaut. Im 16. Jahrhundert kam die Bohne nach Europa; aus der Urform haben sich verschiedene Varietäten herausgebildet (z. B. **Buschbohne** und **Stangenbohne**). Die Dicke Bohne (*Vicia faba*) hat ihren Ursprung in Vorder- und Zentralasien. Die Herkunft der Erbse lässt sich nicht eindeutig belegen; vermutlich stammt sie von einer Wildart ab, die bereits vor 10.000 Jahren gegessen wurde und ursprünglich vom östlichen Mittelmeerraum bis Vorderasien vorkam. Sowohl Erbsen als auch Bohnen werden heute nahezu weltweit kultiviert.

Lagerung

Beide Arten sind – frisch geerntet – nur sehr begrenzt im Kühlschrank lagerfähig; nach maximal vier Tagen müssen sie verbraucht werden. Blanchiert können sie auch eingefroren werden.

Inhaltsstoffe

Die Samen der Erbsen und Bohnen gehören zum eiweißreichsten und nährstoffreichsten Gemüse. Neben einem sehr hohen Eiweißanteil enthalten Erbsen vor allem Zucker, Vitamin E sowie Vitamine der B-Gruppe und Lezithin, während Bohnen viel Vitamin E und C, Vitamine der B-Gruppe und zahlreiche Mineralstoffe aufweisen.

Verfügbarkeit

Während sich das Angebot der Erbse auf die Frühlings- und Sommermonate beschränkt, sind Bohnen bedingt durch zahlreiche Importe nahezu ganzjährig erhältlich; die Hauptsaison liegt im Sommer.

Fütterungshinweise

In den Hülsen vieler Gartenbohnensorten (*Phaseolus* spp.) ist das giftige Glykosid Phasin enthalten, welches beim Kochen zerstört wird. Die Hülsen der Dicken Bohne sind ohnehin nicht zum Verzehr geeignet, weshalb Erbsen und Bohnen den Papageien in aller Regel nur in Form ihrer Samen angeboten werden. Durch ihren hohen Eiweiß- und Mineralstoffgehalt stellen sie eine wertvolle Ergänzung des Speiseplans dar. Getrocknete Samen der Hülsenfrüchte eignen sich nur als Quell-, Keim- oder Kochfutter. Erbsen können frisch gereicht werden, junge Erbsen in der Schote sind sogar ein Leckerbissen. Viele Bohnensorten enthalten Hemmstoffe, die den Eiweißstoffwechsel behindern können. Diese werden beim Kochen weitgehend zerstört, so dass Bohnen in Form von Kochfutter ohne Gefahr an die Papageien verfüttert werden können. Bezüglich der **Sojabohne** (*Glycine max*) gibt es allerdings in der Literatur widersprüchliche Hinweise; dennoch wird sie von vielen Papageienhaltern angeboten. Nahe Verwandte der Sojabohne hingegen, z. B. die **Mungobohne** (*Phaseolus aureus*), können unbedenklich gegeben werden. Von den heimischen Sorten hat nur die Dicke Bohne, auch **Ackerbohne** genannt, Bedeutung für die Papageienfütterung.

Bohne

Jan	Feb	Mär	Apr	Mai	Jun	Jul	Aug	Sep	Okt	Nov	Dez

Erbse

Jan	Feb	Mär	Apr	Mai	Jun	Jul	Aug	Sep	Okt	Nov	Dez

Chicorée

Beim Chicorée handelt es sich um den Sprössling der Zichorienwurzeln (*Cichorium intybus*); er ist ein Wintergemüse und gehört zur Familie der Korbblütler (Compositae).

Herkunft und Geschichte

Die langen, gelblichen Sprösslinge der Zichorienwurzeln wurden erst Mitte des 19. Jahrhunderts von einem Bauern beim Umgraben zufällig entdeckt – so lautet jedenfalls die Legende. Wahrscheinlicher ist, dass die Bauern die bei der Wintereinlagerung der Wurzeln entstehenden Sprösslinge seit jeher verzehrten. Ab etwa 1870 wurde die Chicoréeproduktion nach und nach forciert; heute gehört er zu den wichtigsten Gemüsesorten in der feinen Küche.

Lagerung

Locker in ein feuchtes Tuch verpackt hält Chicorée im Kühlschrank eine knappe Woche; ganz frisch schmeckt er allerdings am besten. Zum Einfrieren eignet er sich nicht.

Inhaltsstoffe

Neben reichlich Folsäure enthält Chicorée vor allem Kalium, Pantothensäure, Zink sowie die Vitamine C und B_2.

Verfügbarkeit

Chicorée ist nahezu ganzjährig auf unseren Märkten zu finden; die Hauptangebotszeit fällt allerdings entsprechend unseren heimischen Ernten in die Herbst- und Wintermonate.

Fütterungshinweise

Trotz seines meist recht ausgeprägt bitteren Geschmacks findet der Chicorée unter vielen Psittaziden Anhänger. Hellgrüne Blätter enthalten mehr Bitterstoffe als gelbe, weshalb letztere bevorzugt werden. Welke und beschädigte Blätter werden entfernt; aus der Mitte des Strunks wird

Goldflügelsittich

ein etwa 3 cm langer Keil herausgeschnitten, da hier die Bitterstoffe am stärksten sind. Klein geschnitten werden die festeren, weißen Blattteile lieber genommen als die gelben.

Beim **Radicchio** handelt es sich um eine Varietät des Chicorées; über seine Beliebtheit bei den Papageien ist bislang wenig Aussagekräftiges bekannt. Da er aber etwas milder schmeckt und rot ist (die „Lieblingsfarbe" vieler Krummschnäbel), wird er sicher genauso gern gefressen.

Ausgesprochene Chicoréefreunde finden sich unter den Sperlingspapageien (*Forpus* spp.) und den Schmalschnabelsittichen (*Brotogeris* spp.); ansonsten ist die Akzeptanz des bitteren Salates individuell sehr unterschiedlich.

Chicorée

Jan	Feb	Mär	Apr	Mai	Jun	Jul	Aug	Sep	Okt	Nov	Dez
●	●	●	●	◐				◐	●	●	●

Radicchio

Jan	Feb	Mär	Apr	Mai	Jun	Jul	Aug	Sep	Okt	Nov	Dez
●	●	●	●	●	◐	●	●	●	●	●	●

Feldsalat

Der Feldsalat (*Valerianella locusta*) gehört zur Familie der Baldriangewächse (Valerianaceae) und ist bei uns auch unter den Bezeichnungen **Ackersalat** oder **Rapunzel** bekannt.

Herkunft und Geschichte

Die Wildform der einjährigen Pflanze stammt aus Mitteleuropa; Archäologen fanden den Samen in den Pfahlbausiedlungen der voralpenländischen Seen. Dennoch wurde der Feldsalat lange Zeit nicht kultiviert; der erwerbsmäßige Anbau begann erst Anfang des 20. Jahrhunderts in Frankreich, Deutschland und der Schweiz. Obwohl er Temperaturen bis –15 °C verträgt, wird er heute trotzdem größtenteils in Gewächshäusern angebaut. Die Haupterzeugerländer sind Frankreich und die Niederlande.

Jan	Feb	Mär	Apr	Mai	Jun	Jul	Aug	Sep	Okt	Nov	Dez

Lagerung

Feldsalat verdirbt sehr schnell; im Kühlschrank hält er in Küchenpapier eingewickelt und in einen perforierten Kunststoffbeutel eingepackt höchstens zwei Tage frisch. Der feine Geschmack der Blätter kommt am besten zur Geltung, wenn der Salat sofort verarbeitet wird. An der Intensität des Grüns der Blätter lässt sich nicht die Qualität, sondern „nur" die Sorte bzw. Herkunft erkennen.

Inhaltsstoffe

Verglichen mit anderen Blattsalaten ist der Feldsalat außerordentlich reich an Vitamin C und Provitamin A. Als Mitglied der Baldrianfamilie enthält er eine Menge ätherischer Öle, welche ihm die Würze von Nüssen und Kräutern geben.

Verfügbarkeit

Ackersalat aus heimischem Anbau kommt von Anfang Oktober bis Ende Februar auf die Märkte; in dieser Zeit ist er auch am preiswertesten. In den übrigen Monaten erreichen Importe aus den west- und südeuropäischen Nachbarländern unsere Märkte.

Fütterungshinweise

Die aromatischen Blätter des Feldsalats erinnern im Geschmack bei einigen Sorten an Haselnüsse. Deswegen werden sie von vielen Papageien gerne verzehrt. Damit nicht allzu viel durch Fallenlassen verloren geht, sollte man die einzelnen Blättchen voneinander trennen, bevor sie den Vögeln angeboten werden. Wird der Salat im eigenen Garten auf unbehandelter Erde angebaut, braucht er nicht gewaschen zu werden. Gewaschener Salat muss auf jeden Fall gut abgetrocknet sein. Feldsalat ist bei weißen Kakadus (*Cacatua* spp.) beliebt, aber auch von Wellensittichen (*Melopsittacus undulatus*), Nymphensittichen (*Nymphicus hollandicus*) oder australischen Plattschweifsittichen (*Platycercus* spp.) wird er sehr gerne genommen.

Fenchel

Der **Gemüsefenchel** (*Foeniculum vulgare* var. *azoricum*) gehört wie Möhre, Pastinake oder Sellerie zur Familie der Doldenblütler (Umbelliferae). Einst galt er als „Zauberkraut" zum Schutz vor Dämonen und Krankheiten.

Herkunft und Geschichte

Der wild wachsende Fenchel stammt aus dem Mittelmeerraum und Vorderasien, wo er als winterharte Pflanze gedeiht. Der Gemüsefenchel entstand durch lange Züchtung und Kreuzung des Wilden Fenchels mit verwandten Arten; noch heute wird er wegen seiner Temperaturansprüche überwiegend im Mittelmeerraum angebaut und auch verzehrt.

Lagerung

Da Fenchel schnell zäh wird und an Aroma verliert, muss er sehr schnell verbraucht werden. Im Kühlschrank aufbewahrt hält er sich etwa eine Woche. Beim Kauf sollten die Knollen angenehm duften, möglichst fest, hell und makellos sein.

Inhaltsstoffe

Fenchel ist ein außerordentlich gesundes Gemüse; es ist reich an Provitamin A, den Vitaminen C, E und K sowie an Mineralstoffen, insbesondere Kalium und Magnesium.

Verfügbarkeit

Das gesunde Gemüse ist auf unseren Märkten ganzjährig erhältlich; besonders preiswert ist es im Sommer und von Oktober bis April. Fenchel aus heimischem Anbau wird im September und Oktober angeboten.

Fütterungshinweise

Geschnittene Fenchelknollen stellen einen vitaminreichen Leckerbissen auf dem Speiseplan unserer Papageien dar, der von vielen Psittaziden gerne angenommen wird. Im Ganzen gereichte Knollen werden meist nur „zerfleddert". Durch seinen hohen Gehalt an Vitamin K bildet der Fenchel für alle Papageienhalter und -züchter, die auf die Gabe von Vitamin K_1 schwören, eine ausgezeichnete Alternative zu den täglich ver-

abreichten Vitamintropfen. Fenchel wird von den Papageien meist nur im ganz frischen Zustand angenommen; er sollte daher direkt nach dem Einkauf verfüttert werden. Besonders unter den südamerikanischen Sittichen der Gattungen *Brotogeris* und *Bolborhynchus* finden sich Liebhaber, aber auch von anderen Papageienarten wird er nicht verschmäht. Manche Vögel fressen auch gerne die Stängel und das Kraut des Fenchels. Eine absolute „Lieblingspflanze" ist für viele Papageien und Sittiche der nah verwandte **Dill** (*Anethum graveolens*).

Jan	Feb	Mär	Apr	Mai	Jun	Jul	Aug	Sep	Okt	Nov	Dez

Gurke

Die Gurke (*Cucumis sativus*) zählt zum gleichen Artenkomplex wie Kiwano und Melone und gehört zur Familie der Kürbisgewächse (Cucurbitaceae). Botanisch gesehen sind die Früchte der Gurkenpflanze fleischige Beeren; sie müssen während der Grünreife geerntet werden.

Herkunft und Geschichte

Heimat der Gurke sind die Südhänge des Himalaya, von wo aus sie vor etwa 4.000 Jahren den Siegeszug um die Welt antrat. Über Indien und Ägypten gelangte sie in den Mittelmeerraum. Erst im Mittelalter wurde der Anbau von Gurken auch in Nordeuropa erwähnt. Heute sind die verschiedenen Formen der Gurken in nahezu allen tropischen, subtropischen und mediterranen Gebieten der Erde verbreitet – im kühlen Nordeuropa hat sich außerdem eine Gewächshauskultur etabliert.

Lagerung

Im Gemüsefach des Kühlschranks bleiben Gurken bis zu einer Woche frisch. Sie vertragen keine extremen Temperaturen. Zum Einfrieren sind sie nicht geeignet, da sie dadurch matschig werden. Gurken dürfen nicht zusammen mit Obst oder Tomaten lagern, weil sie dann zu schnell überreif werden. Beim Einkauf achte man auf eine straffe Schale und festes Fruchtfleisch.

Inhaltsstoffe

Gurken enthalten nennenswerten Mengen der Mineralstoffe Kalium, Kalzium, Magnesium,

Halsbandsittich

Phosphor und Eisen und sind reich an Provitamin A sowie den Vitaminen B_1 und C.

Verfügbarkeit

Auf unseren heimischen Märkten sind Gurken ganzjährig erhältlich; neben inländischen Ernten wird vor allem Ware aus den Niederlanden sowie aus Griechenland und Spanien angeboten.

Fütterungshinweise

Die Salatgurke ist seit jeher eine der beliebtesten Gemüsearten bei der Fütterung unserer Papageien. Vom Speiseplan der Wellensittiche ist sie nicht wegzudenken, aber auch von fast allen anderen Papageien- und Sitticharten wird sie gleichermaßen gerne angenommen. Da viele Papageien gerne die Samenanlagen herausfressen, lohnt es sich, die keulenförmig aufgetriebenen, aus männlichen Blüten der Gurkenpflanze entstandenen Gurken auszuwählen, die für den menschlichen Verzehr ohnehin nicht gerne genommen werden, da sie große Samenanlagen enthalten. Wegen des sehr hohen Wassergehaltes (98 %) sollten Gurken den Psittaziden nur in Maßen oder aber anstelle von Trinkwasser gereicht werden, da die Vögel sonst zu Durchfallerscheinungen neigen. Kleinere, intensiver schmeckende Salatgurken aus eigenem Anbau werden meist lieber genommen als die im Handel erhältlichen, aus kommerziellem Gewächshausanbau stammenden großen Gurken.

Jan	Feb	Mär	Apr	Mai	Jun	Jul	Aug	Sep	Okt	Nov	Dez
■	■	■	■	■	■	■	■	■	■	■	■

Kartoffel

Die Kartoffel (*Solanum tuberosum*) ist das knollenartig verdickte Stielende einer Pflanze, die wie Tomate, Paprika oder Aubergine zur Familie der Nachtschattengewächse (Solanaceae) gehört.

Herkunft und Geschichte

Die Heimat der Kartoffel liegt vermutlich im Andengebiet Boliviens und Perus, wo wohl bereits vor mindestens 4.000 Jahren aus einer bitteren Wildpflanze eines der frühesten Nahrungsmittel der Andenbewohner gezüchtet wurde. Vor mehr als 400 Jahren kam sie durch spanische Eroberer auf den europäischen Kontinent, wo sich die Kartoffel langsam, aber stetig als eines der wichtigsten Grundnahrungsmittel etablierte. In der Literatur ist von bis zu 3.000 Kartoffelsorten die Rede. Heute werden Kartoffeln weltweit in den gemäßigten Zonen angebaut.

Lagerung

Bei Temperaturen von 4 bis 6 °C im Keller bei relativ hoher Luftfeuchte (ca. 90 %) und guter Luftzirkulation in einer Holzkiste oder einem Korb aufbewahrt, halten Kartoffeln relativ lange. Bei falschen Lagerbedingungen werden sie schnell unschmackhaft, faulen oder treiben aus. Bei zu starkem Lichteinfluss treibt die Kartoffel aus und ihr Gehalt ein Solanin, einem Alkaloid, steigt. Ab einer bestimmten Konzentration (ca. 20 mg/100 g) gilt der Solaningehalt als gesundheitsschädlich. Unter optimalen Bedingungen können Kartoffeln – je nach Sorte – bis zu zehn Monate aufbewahrt werden; die Lagerfähigkeit von **Frühkartoffeln** ist allerdings sehr begrenzt. Beim Kauf sollten Kartoffeln fest und makellos sein und keine Keime oder grünen Stellen aufweisen.

Gelbwangen-amazonen

Inhaltsstoffe

Kartoffeln enthalten sehr hochwertiges Eiweiß und sind eine hervorragende Quelle für Kohlenhydrate, außerdem enthalten sie nennenswerte Mengen an Vitamin C, Vitaminen der B-Gruppe sowie Kalium, Phosphor und Eisen.

Verfügbarkeit

Während Frühkartoffeln nur von Januar bis Juni angeboten werden, sind andere Speisekartoffelsorten ganzjährig im Handel zu finden.

Fütterungshinweise

Kartoffeln stehen bei vielen Papageienzüchtern und -haltern auf dem Futterplan; sie werden von den Vögeln allerdings meist nur gekocht und oft sogar nur im warmen Zustand angenommen. Natürlich müssen die Kartoffeln zu diesem Zweck ohne Salz gekocht werden. Etwas süßere Sorten werden meist bevorzugt; fest kochende Sorten können besser verarbeitet werden. Da Kartoffeln meist mit chemischen Rückständen belastet sind, müssen in der Schale gekochte Kartoffeln zuvor gründlich gewaschen werden. Am besten wählt man solche aus biologischem Anbau oder aber schält sie vor dem Garen. Von Amazonen, Kakadus, Nymphensittichen und australischen Plattschweifsittichen werden Kartoffeln besonders gerne genommen.

Jan	Feb	Mär	Apr	Mai	Jun	Jul	Aug	Sep	Okt	Nov	Dez
■	■	■	■	■	■	■	■	■	■	■	■

Kohlrabi

Der Kohlrabi (*Brassica oleracea* var. *gongylodes*) gehört zum großen Formenkreis der Kohlgewächse und ähnelt einer Kreuzung aus Weißkohl und Steckrübe. Obwohl er über der Erde wächst, wird er oft als Wurzelgemüse bezeichnet.

Herkunft und Geschichte

Tatsächlich ist der vermutlich aus Nordeuropa stammende Kohlrabi durch die Kreuzung aus wildem **Kohl** (*Brassica oleracea*) mit der wilden **Weißen Rübe** (*Brassica campestris* var. *rapifera*) entstanden. Bereits seit dem 16. Jahrhundert erfreut er sich in Mittel- und Osteuropa großer Beliebtheit, während er in Nordamerika bis heute weitgehend unbekannt ist.

Lagerung

Im Gemüsefach des Kühlschranks bleibt der Kohlrabi 7 bis 10 Tage frisch. Die Blätter sind nur wenige Tage haltbar und sollten – sofern benötigt – getrennt aufbewahrt werden, da sie der Knolle Feuchtigkeit entziehen. Zum Einfrieren ist Kohlrabi nicht geeignet. Junge, kleine Knollen sind den großen zu bevorzugen, da letztere oft faserig oder holzig werden. Die Blätter sind bei frischem Kohlrabi leuchtend grün.

Jan	Feb	Mär	Apr	Mai	Jun	Jul	Aug	Sep	Okt	Nov	Dez

Rosenbrust-bartsittich

Inhaltsstoffe

Kohlrabi ist sehr reich an Vitamin C und Kalium; er enthält weiterhin nennenswerte Mengen an Vitamin B_6, Folsäure, Magnesium und Kupfer.

Verfügbarkeit

Kohlrabi wird ganzjährig angeboten und stammt größtenteils aus heimischem Anbau; die Hauptabsatzzeit liegt im Frühjahr und im Herbst.

Fütterungshinweise

Neben Blumenkohl und Brokkoli ist der Kohlrabi das einzige Kohlgemüse, das uneingeschränkt für die Fütterung der Papageien empfohlen werden kann. Bei nahezu allen anderen (Blatt-)Kohlsorten können ernsthafte Verdauungsprobleme auftreten. Lediglich die Blätter sollten vorsichtshalber nicht gegeben werden – obwohl bislang kein konkreter Hinweis vorliegt, dass auch sie unseren Vögeln Probleme bereiten. Viele Vogelhalter geben an, dass ihre Tiere den Kohlrabi sehr gerne, aber nur in gekochtem Zustand, fressen. Vermutlich wurde in den meisten dieser Fälle roher Kohlrabi nur in mehr oder weniger verholzter Qualität angeboten. Nach meinen eigenen Erfahrungen sind junge, zarte Knollen, die kein faseriges oder holziges Fleisch aufweisen, im Rohzustand sehr gerne gesehen. Der Kohlrabi sollte gut geschält und in Würfel geschnitten angeboten werden. Man kann auch halbmondförmige Scheiben an rostfreien Nägeln aufspießen, die dann von den Vögeln Stück für Stück „abgearbeitet" werden und somit dem Beschäftigungstrieb Rechnung tragen. Unter den Edelsittichen finden sich zahlreiche Kohlrabi-Fans, aber auch unter nahezu allen australischen Sitticharten sowie den südamerikanischen Papageien der Gattungen *Pionus* und *Pionites*. Der violette Kohlrabi wird ebenso angenommen wie der grüne.

Kopf- und Blattsalate

Zu den Kopf- und Blattsalaten zählt man im Allgemeinen alle Salatsorten der Art *Lactuca sativa*, zu der neben dem **Kopfsalat** u. a. **Eissalat**, **Bataviasalat**, **Lollo Rosso**, **Römersalat** und **Eichblattsalat** gehören. Auch **Endiviensalat** (*Cichorium endivia*) und **Rucola** (*Eruca visicaria*) werden im Allgemeinen zu den Blattsalaten gerechnet.

Herkunft und Geschichte

Der Salat stammt ursprünglich aus dem östlichen Mittelmeerraum und Westasien, wo er – vermutlich wegen seiner ölhaltigen Samen – bereits vor 6.500 Jahren angebaut wurde. Bereits 600 v. Chr. bereiteten die Perser Kopfsalat zu; bei Griechen und Römern genoss er als Gemüse und auch als Heilpflanze hohes Ansehen. Mittlerweile werden über 100 verschiedene Sorten von Kopf- und Blattsalaten unterschieden, die weltweit in gemäßigten Klimaten angebaut werden.

Lagerung

Salat ist recht empfindlich und muss daher schnell verbraucht werden. Eissalat hält in ein feuchtes Tuch eingeschlagen im Kühlschrank maximal zwei Wochen; alle „lockeren" Salatsorten sollten innerhalb weniger Tage verbraucht werden. Da einige Obstsorten Ethylen ausströmen, welches die Blätter des Salates braun werden lässt, dürfen Früchte nicht in unmittelbarer Nähe gelagert werden. Schlaff gewordener Salat wird durch ein kurzes Tauchbad in kaltem Wasser wieder frisch.

Inhaltsstoffe

Kopf- und Blattsalate enthalten sehr viel Wasser und sind reich an Folsäure. Der sonstige Vitamin- und Mineralstoffgehalt hängt von der jeweiligen Sorte ab; generell gilt, dass intensiv grüne Salate

Rucola (Raukensalat)

mehr Vitamine und Mineralstoffe enthalten als hellgrüne oder rötlich gefärbte Salatsorten.

Verfügbarkeit

Die meisten Salate sind auf unseren Märkten ganzjährig erhältlich; in den Sommermonaten ist das Angebot – bedingt durch größere Produktionsmengen und stärkere Nachfrage – vielfältiger und preiswerter.

Bataviasalat

Jan	Feb	Mär	Apr	Mai	Jun	Jul	Aug	Sep	Okt	Nov	Dez

Eichblattsalat

Jan	Feb	Mär	Apr	Mai	Jun	Jul	Aug	Sep	Okt	Nov	Dez

Eissalat

Jan	Feb	Mär	Apr	Mai	Jun	Jul	Aug	Sep	Okt	Nov	Dez

Endiviensalat

Jan	Feb	Mär	Apr	Mai	Jun	Jul	Aug	Sep	Okt	Nov	Dez

Kopfsalat

Jan	Feb	Mär	Apr	Mai	Jun	Jul	Aug	Sep	Okt	Nov	Dez

Fütterungshinweise

Salat kann ein hervorragendes Grünfutter für unsere Papageien darstellen – wenn gewisse Regeln beachtet werden. Durch den hohen Wassergehalt neigen die Psittaziden leicht zu Durchfallerscheinungen. Deshalb muss der Salat nach dem Waschen auf jeden Fall gut getrocknet werden, bevor er angeboten wird. Er sollte ganz frisch sein und vorher von allen verdorbenen Blättern befreit werden, sonst sind Verdauungsstörungen vorprogrammiert. Im Winter im Gewächshaus gezogene Salatpflanzen weisen meist einen sehr hohen Nitratgehalt auf; zudem sind viele kommerziell angebotene Salate stark

Wellensittiche

mit Pestiziden belastet. Um die einwandfreie Qualität des Salates zu gewährleisten, werden also am besten im eigenen Garten angebaute Pflanzen angeboten. Gefüttert werden können dann auch die Blütenstände mit Samen. Die Akzeptanz der Kopf- und Blattsalate bei den Papageien ist mitunter recht unterschiedlich; generell ist jedoch zu beobachten, dass entweder die „schlaffen, lockeren" Salate wie Kopfsalat oder Eichblattsalat gerne genommen werden oder aber feste und knackige Sorten wie Eissalat oder Endiviensalat. Zusammengefaltete oder -gerollte Salatblätter können gut ins Volierengitter gesteckt werden.

Mais

Der Mais (*Zea mays*) gehört zur Familie der Süßgräser (Gramineae) und ist in unseren Breiten wohl die am weitesten verbreitete „Gemüseart“, die vor allem für die Futtermittelindustrie in sehr großen Mengen angebaut wird. Er gilt heute – nach Weizen und Reis – als drittwichtigste Getreidesorte weltweit.

Herkunft und Geschichte

Der ursprünglich aus Mittelamerika stammende Mais wird dort schon seit etwa 6.000 Jahren angebaut. Im 15. Jahrhundert wurde er bereits auf dem gesamten Kontinent von Kanada bis nach Chile kultiviert. Spanische Eroberer brachten ihn Anfang des 16. Jahrhunderts nach Europa. Aus dem **Futtermais** entwickelte sich vor etwa 150 Jahren der **Zuckermais**, bei dem sich der Zucker während des Reifevorgangs nur langsam in Stärke umwandelt.

Lagerung

Um die Stoffwechselvorgänge (Umwandlung von Zucker in Stärke) zu verlangsamen, muss der Mais, nachdem er am besten in den frühen Morgenstunden geerntet wurde, möglichst schnell auf ca. 0 °C gekühlt werden. Unter diesen Bedingungen ist er etwa eine Woche lagerfähig. Durch das Entfernen der Hüllblätter wird die Wasserabgabe der Kolben vermindert. Im Laden gekaufter Mais

Bild oben: Mais in den Reifestadien milchreif – halbreif – reif

Feuerflügelsittich

sollte in jedem Fall aus dem Kühlregal entnommen werden. Halbreifer Mais kann hervorragend eingefroren werden.

Inhaltsstoffe

Maiskolben sind reich an Kohlenhydraten, Eiweiß und Vitaminen der B-Gruppe und enthalten die Mineralstoffe Kalium, Phosphor und Magnesium.

Verfügbarkeit

Durch Sortenstaffelung mit unterschiedlicher Reifezeit und verschiedenen Anbaumethoden wird in Deutschland eine Ernte- und Vermarktungsperiode von Juni bis Oktober erzielt. Außerhalb dieses Zeitraumes ist frischer Mais nur abgepackt in kleineren Mengen erhältlich.

Jan	Feb	Mär	Apr	Mai	Jun	Jul	Aug	Sep	Okt	Nov	Dez

Fütterungshinweise

Mais ist auf dem Speiseplan unserer Papageien der absolute „Renner" unter den Fruchtgemüsen. Daher lohnt es sich, im August/September nach Absprache mit einem persönlich bekannten Bauern direkt auf dem Feld eine größere Menge der Kolben abzuernten und tiefzukühlen. Manche Papageienhalter haben eigens für diesen Zweck eine zusätzliche Tiefkühltruhe angeschafft. Während der halbreife Mais eingefroren wird, sollten milchreife Kolben direkt verfüttert werden; sie werden nach dem Einfrieren meist nicht mehr angenommen. Vor allem für die Jungenaufzucht stellt der Mais ein hervorragendes Ergänzungsfutter dar. Auch Konservenmais wird oft angeboten, aber nicht so gerne genommen wie frische Kolben. In zahlreichen Fertigfuttermischungen sind getrocknete Maiskörner enthalten, die allerdings von vielen Psittaziden verschmäht werden. Wahrscheinlich sind sie zu hart. Es gibt wohl kaum eine Papageien- oder Sittichart, die frischen Mais verschmäht.

Möhre

Die Möhre (*Daucus carota* ssp. *sativus*) ist auch als **Karotte**, **Mohrrübe** oder **Gelbe Rübe** bekannt; sie ist der wichtigste Vertreter des Wurzelgemüses. Sie gehört zur Familie der Doldenblütler (Umbelliferae).

Herkunft und Geschichte

Schon vor über 1000 Jahren kannte man die Wildformen der Möhre als Nahrungspflanze. Im 10. bis 12. Jahrhundert soll die ursprünglich purpurfarbene Möhre aus Asien in den Mittelmeerraum gelangt sein, wo sich gelbe Zuchtformen entwickelten. Die orangefarbene Möhre wurde wohl im 17. Jahrhundert erstmals in den Niederlanden gezüchtet und hat sich bis heute über die ganze Welt verbreitet.

Lagerung

Frisch geerntete Möhren sind ungewaschen bei relativ hoher Luftfeuchte (ca. 95 %) und Temperaturen knapp über dem Gefrierpunkt bis zu 6 Monaten haltbar. Im Gemüsefach des Kühlschrankes halten sie bis zu zwei Wochen. Zuvor blanchierte Möhren können auch eingefroren werden. Karotten dürfen nicht zusammen mit Äpfeln, Birnen oder Kartoffeln aufbewahrt werden, da sie durch das in den Äpfeln enthaltene Ethylen leicht bitter werden. Möhren von guter Qualität zeichnen sich durch eine glatte

Jan	Feb	Mär	Apr	Mai	Jun	Jul	Aug	Sep	Okt	Nov	Dez

Gelbbrustara

und dicke Schale, festes Gewebe sowie wenig Mark aus.

Inhaltsstoffe

Die Möhre ist der wichtigste Lieferant des auch als Karotin bekannten Provitamin A. Weiterhin enthält sie nennenswerte Mengen an Kalzium, Eisen, Kalium, Vitamin C sowie Vitaminen der B-Gruppe.

Verfügbarkeit

Die Möhre gehört heute zu den bedeutendsten Gemüsepflanzen der Erde und wird überall auf der Welt angebaut. Entsprechend ist sie jederzeit zu gleich bleibend niedrigen Preisen erhältlich. Im Sommer konzentriert sich das Angebot in unseren Geschäften natürlich auf heimische Ernten.

Fütterungshinweise

Mit den Möhren beim Gemüse ist es ähnlich wie mit den Äpfeln beim Obst: Sie werden von nahezu allen Papageien gerne angenommen. Bei der Akzeptanz des Gemüses kommt es allerdings nicht selten auf die Darreichungsform an: Während manche Papageien ausschließlich das Nagen an ganzen Karotten mögen, bevorzugen andere geriebene Möhren. Ein fein-süßlicher Geschmack der Gelben Rüben wird meist bevorzugt. Dieser ist bei den zuckerreichen Frühsorten, z. B. der heimischen Maimöhre, stärker ausgeprägt. Auch das Grün der Möhren kann den Papageien angeboten werden; es sollte natürlich beim Kauf frisch aussehen und von kräftiger Farbe sein. Geriebene oder geraspelte Möhrenstückchen werden oftmals als Zutat für ein selbst hergestelltes Eifutter verwendet; ebenso findet man getrocknete Möhrenscheiben gelegentlich in Fertigfuttermischungen.

Paprika

Die Paprika (*Capsicum annuum*) gehört zur Familie der Nachtschattengewächse (Solanaceae), zu der unter anderem auch die Kartoffel, die Aubergine und die Tomate zählen.

Herkunft und Geschichte

Unsere heutige Gemüsepaprika war bereits 5000 v. Chr. bekannt und ist in Lateinamerika beheimatet; in Südamerika war sie eine der ersten Pflanzen, die kultiviert wurden. Von spanischen Seefahrern wurden im 16. Jahrhundert verschiedene Paprikasorten nach Europa gebracht; erst im 17. Jahrhundert begann man in Mittel- und Südeuropa mit dem Nutzanbau.

Lagerung

Ungewaschen bleibt **Gemüsepaprika** im Kühlschrank etwa eine Woche frisch; am besten verpackt man sie hierzu in einen perforierten Plastikbeutel. Damit sie nicht an Geschmack und Nährstoffen verliert, muss sie im Ganzen aufbewahrt werden. Beim Kauf achte man auf eine glatte, feste und leicht glänzende Schale. **Gewürzpaprika** wird zur Kühllagerung in Papier eingewickelt; auch sie hält dann etwa eine Woche. Getrocknete Paprikaschoten, z. B. **Chilischoten**, halten sich 6 bis 8 Monate in einem perforierten Kunststoffbeutel im Kühlschrank. Zerstoßene getrocknete Schoten sollten in einem luftdicht verschlossenen Gefäß kühl und trocken aufbewahrt werden.

Inhaltsstoffe

Der Gehalt an Vitamin C in der grünen Gemüsepaprika nimmt in der Gemüsewelt eine Spitzenstellung ein; die rote Gemüsepaprika hingegen

Pepperoni

Guayaquilsittich

ist besonders reich an Provitamin A. Beim Gewürzpaprika tritt das Alkaloid Capsaicin in den Vordergrund, welches den Geschmack scharf und brennend werden lässt. Paprikaschoten sind weiterhin reich an Kohlenhydraten.

Verfügbarkeit

Paprikaschoten sind ganzjährig erhältlich; besonders preiswert von Anfang Juni bis Ende November. Ware aus heimischer Erzeugung kommt von Juli bis Oktober auf den Markt; Importe kommen im Winter und Frühjahr hauptsächlich aus Spanien, im Sommer und Herbst in erster Linie aus Italien, Ungarn und der Türkei.

Fütterungshinweise

Gewürzpaprikasorten werden, obwohl sie sehr scharf sein können, von vielen Papageien sehr gerne verzehrt. In verschiedenen Fertigfuttermischungen ist ein relativ hoher Anteil an getrockneten Chilischoten enthalten. Besonders unter den Kakadus finden sich viele Liebhaber des scharfen Gemüses. Auch Gemüsepaprika wird gerne angenommen; oftmals erhält man von Papageienhaltern den Hinweis, dass die roten Schoten den grünen oder gelben vorgezogen werden. Ob dies auf die Farbe Rot oder aber den Reifegrad (Gemüsepaprika ist im grünreifen Zustand grün und wird mit zunehmender Reife zunächst gelb und dann rot oder wechselt gleich von grün zu rot) zurückzuführen ist, sei dahingestellt. Gelbe und rote Paprikaschoten schmecken zudem süßlicher als grüne; vielleicht ist auch dadurch die Bevorzugung durch unsere Psittaziden zu erklären. Gerne wird auch die im Inneren befindliche Samenanlage gefressen. Paprika wird am besten in kleine Stücke geschnitten angeboten. Wie bei anderen Obst- oder Gemüsesorten, kann sich auch durch den Verzehr der roten Paprika der Kot bei vielen Papageien- und Sitticharten rot verfärben.

Jan	Feb	Mär	Apr	Mai	Jun	Jul	Aug	Sep	Okt	Nov	Dez

Rettich und Radieschen

Genau wie die Rübe ist der Rettich (*Raphanus sativus*), zu dem auch das Radieschen zählt, eine sehr alte Kulturpflanze, die – wie schon Plinius berichtete – bereits den Ägyptern der Pyramidenzeit bekannt war. Er gehört zur Familie der Kreuzblütler (Cruciferae).

Herkunft und Geschichte

Vermutlich stammt der Rettich aus Vorderasien und wurde bereits vor Christi Geburt von verschiedenen Völkern kultiviert. Nach Mitteleuropa kam er vor etwa 2000 Jahren durch die Römer; heute wird er nahezu weltweit angebaut.

Lagerung

Im Kühlschrank halten sich Rettich und Radieschen, ungewaschen in einem perforierten Kunststoffbeutel verpackt, mehrere Wochen, büßen dabei allerdings allmählich an Festigkeit ein. Vorhandenes Grün sollte vor einer längerfristigen Einlagerung entfernt werden, da das Gemüse sonst zu schnell austrocknet. Gewaschen wird das Wurzelgemüse am besten erst kurz vor der Verarbeitung.

Inhaltsstoffe

Neben nennenswerten Mengen der Mineralstoffe Kalzium, Eisen, Kalium, Natrium und Phosphor enthalten Rettiche Vitamin C und Vitamine der B-Gruppe. Radieschen sind überdies reich an Provitamin A.

Verfügbarkeit

Rettich steht ganzjährig überwiegend aus heimischen Ernten zur Verfügung. Radieschen kommen von Mai bis Oktober aus deutschem Anbau auf den Markt; in den restlichen Monaten stammen die Importe überwiegend aus Italien und den Niederlanden.

Fütterungshinweise

Sowohl Rettich oder **Radi** (*Raphanus sativus* var. *niger*) als auch Radieschen (*Raphanus sativus* var. *sativus*) sind beliebte Futterpflanzen in der Papageienhaltung, wenngleich sie nicht von allen Papageien sofort akzeptiert werden. Sie müssen immer wieder angeboten werden; Geduld zahlt sich hier meist aus. Rettichsorten mit länglicher Wurzel und milderem Geschmack werden den gedrungenen mit schärferem Geschmack in aller Regel vorgezogen. Der **Daikon-** oder **Chinesische Rettich** (*Raphanus sativus* var. *longipinnatus*) ist bei vielen Papageien besonders beliebt; er zeichnet sich durch relativ mildes, knackiges Fleisch aus und schmeckt bisweilen etwas süßlich. Die Akzeptanz für Radieschen liegt meist deutlich höher als für Rettich, was allerdings – wie schon in anderen Fällen beobachtet – mit der roten Farbe der Schale zu tun haben könnte. Besonders unter den Amazonen (*Amazona* spp.) und Graupapageien (*Psittacus erithacus*) finden sich viele Freunde des herzhaften Gemüses.

Rettich

Jan	Feb	Mär	Apr	Mai	Jun	Jul	Aug	Sep	Okt	Nov	Dez

Radieschen

Jan	Feb	Mär	Apr	Mai	Jun	Jul	Aug	Sep	Okt	Nov	Dez

Rote Bete

Die Rote Bete (*Beta vulgaris* ssp. *vulgaris* var. *vulgaris*) ist die fleischige Wurzelknolle einer zu den Gänsefußgewächsen (Chenopodiaceae) gehörenden Pflanze.

Herkunft und Geschichte

Urahn der auch **Rote Rüben** genannten Knollen ist die **Wildbete**, die von Madeira über die europäische Atlantikküste bis nach Indien ein riesiges Verbreitungsgebiet hat. Bereits in der Antike kannte man eine Kulturform; die moderne, milde Rote Bete ist allerdings erst im 19. und 20. Jahrhundert gezüchtet worden.

Lagerung

Im Gemüsefach des Kühlschrank hält die rote Knolle etwa 10 Tage. Beim Einkauf sollte sie möglichst fest sein und eine braunrote Schale aufweisen. Sehr dicke oder längliche Rüben sind nicht empfehlenswert, da sie häufig faserig sind.

Inhaltsstoffe

Neben Provitamin A, Vitaminen der B-Gruppe und Vitamin C enthält die Rote Bete zahlreiche Mineralstoffe (Kalzium, Eisen, Jod, Kalium, Phosphor, Natrium und Schwefel).

Verfügbarkeit

Rote Rüben sind nahezu ganzjährig erhältlich; in den Herbst- und Wintermonaten sind sie besonders preisgünstig. Neben inländischer Ware werden hauptsächlich Importe aus den Niederlanden und aus Belgien angeboten.

Fütterungshinweise

Sowohl die Knollen als auch die Stängel samt Blätter können den Papageien angeboten werden; letztere stellen besonders für Plattschweifsittiche einen Leckerbissen dar. Der Kot der Vögel verfärbt sich nach dem Verzehr der Roten Bete stark rot, weshalb die Voliere übermäßig stark verschmutzt werden kann. Beim Verfüttern der Roten Rübe sollten ausschließlich leicht zu reinigende Gefäße zum Einsatz kommen. Nach den Mitteilungen verschiedener Halter und Züchter wird das Fleisch der Wurzelknolle vor allem von Vögeln der Gattungen *Amazona*, *Ara* und *Aratinga* gerne angenommen. Oftmals verschmutzen sich die Vögel bei der Aufnahme des Wurzelgemüses das Gefieder recht stark.

Jan	Feb	Mär	Apr	Mai	Jun	Jul	Aug	Sep	Okt	Nov	Dez

Sellerie

Sowohl der **Knollensellerie** (*Apium graveolens* var. *rapaceum*, Bild oben) als auch sein naher Verwandter, der **Stangensellerie** (*Apium graveolens* var. *dulce*) sind im Mittelmeerraum beheimatet und seit langer Zeit geschätzte Gemüsesorten. Sie gehören zur Familie der der Doldenblütler (Umbelliferae).

Stangensellerie

Herkunft und Geschichte

Bereits in der Antike wurde der Sellerie kultiviert. Während Stangensellerie als Gewürz und dessen Blätter für die Gestaltung der Lorbeerkränze siegreicher Athleten diente, erkannten die Griechen und Römer schon früh die blutreinigende Wirkung des Knollensellerie. Heute wird er überwiegend in Mitteleuropa sowie in geringerem Umfang in Asien und Nordamerika angebaut; in Lateinamerika und Australien ist er weitgehend unbekannt.

Lagerung

Knollensellerie ist in einem perforierten Kunststoffbeutel im Kühlschrank einige Wochen haltbar. Beim Kauf achte man auf schwere, feste Knollen, die nicht zu groß sein sollten, da sie dann oft holzig sind. Stangensellerie wird meist im Beutel verkauft und kann in diesem etwa eine Woche gekühlt gelagert werden. Wegen seines

Nymphensittich

hohen Wassergehaltes welkt er bei Zimmertemperatur schnell. Beide Sorten sind zum Einfrieren ungeeignet, da sie dadurch matschig werden.

Inhaltsstoffe

Beide Selleriesorten sind reich an Kalium und enthalten die Vitamine C und B_6; während der Knollensellerie weiterhin über nennenswerte Mengen an Phosphor, Magnesium und Eisen verfügt, ist beim Stangensellerie ein Anteil an Folsäure zu erwähnen.

Verfügbarkeit

Knollensellerie aus heimischem Freiland wird von September bis November angeboten; ganzjährig sind Importe überwiegend aus den Niederlanden erhältlich. Heimischer Stangensellerie wird von Juli bis Oktober verkauft; auch er ist allerdings durch Importe aus verschiedenen Ländern (z.B. Italien, Spanien, Israel) ganzjährig verfügbar.

Fütterungshinweise

Besonders der Stangensellerie ist bei vielen Papageienarten sehr beliebt. Gelbe Sorten schmecken etwas milder als grüne und werden lieber genommen. Die Blättchen sind besonders zart und aromatisch; sie sollten auf jeden Fall angeboten werden. Das Stielende wird entfernt, der Rest in dünne Scheiben geschnitten. Wie beim Rettich bedarf es mitunter einiger Geduld, bis der Stangensellerie von den Psittaziden angenommen wird. Einmal auf den Geschmack gekommen, ist er vom Speiseplan nicht mehr wegzudenken. Der gut geschälte und klein geschnittene Knollensellerie wird schnell braun. Dem kann man mit ein wenig Zitronensaft entgegenwirken. Auch er wird – nach einer gewissen Eingewöhnungsphase – bald akzeptiert und gerne angenommen. Selleriefreunde finden sich in erster Linie unter den australischen Sittichen, aber auch unter den Graupapageien, den Amazonen und den Aras.

Knollensellerie

Jan	Feb	Mär	Apr	Mai	Jun	Jul	Aug	Sep	Okt	Nov	Dez

Stangensellerie

Jan	Feb	Mär	Apr	Mai	Jun	Jul	Aug	Sep	Okt	Nov	Dez

Mangold
(Bild rechts)

Spinat und Mangold

Spinat (*Spinacia oleracea*) und Mangold (*Beta vulgaris* ssp. *vulgaris* var. *flavescens*) gehören zur Familie der Gänsefußgewächse (Chenopodiaceae); wegen des ähnlichen Aussehens und Geschmacks galt der Mangold lange Zeit als „derber Bruder des Spinats".

Herkunft und Geschichte

Die Heimat des Spinats wird im Orient vermutet; von den Arabern, welche ihm auch seinen Namen gaben, wurde er nach Spanien gebracht und verbreitete sich seit dem 16. Jahrhundert in ganz Europa. Mangold ist eine Varietät der Roten Bete; vermutlich war eine Mischform aus beiden Sorten bereits in der Antike als Gemüse bekannt. Im Mittelalter wurde der Anbau von Mangold in kaiserlichen und klösterlichen Schriften erwähnt.

Lagerung

Frischer Spinat und Mangold können, lose im Gemüsefach des Kühlschrank aufbewahrt, nur zwei bis vier Tage gelagert werden; beide Sorten sind zum schnellen Verbrauch bestimmt. Die Blätter ohne Stiele können auch eingefroren werden, nachdem sie zwei Minuten blanchiert wurden. Während die Blätter des frischen Spinats zart, geschmeidig und dunkelgrün sind, sollte der Mangold beim Einkauf feste, makellose Stiele sowie knackige, gleichmäßig gefärbte Blätter aufweisen.

Inhaltsstoffe

Die ernährungsphysiologischen Werte der beiden Blattgemüsesorten sind recht ähnlich. Sowohl Spinat als auch Mangold sind reich an Provitamin A, Vitaminen der B-Gruppe (insbesondere Folsäure), Vitamin C sowie Magnesium, Kalzium, Kalium und Eisen. Weitere Mineralstoffe sind in geringen Mengen enthalten.

Verfügbarkeit

Beide Sorten sind auf unseren Märkten ganzjährig erhältlich; während der Spinat hauptsächlich aus heimischen Ernten stammt, wird Mangold überwiegend aus Italien importiert.

Fütterungshinweise

Spinat und Mangold stellen ein überaus wertvolles Gemüse für unsere Papageien dar und werden von vielen Vögeln gerne angenommen. Wie bei den Kopf- und Blattsalaten muss allerdings auch hier darauf geachtet werden, dass die Blätter nach dem Waschen gut abgetrocknet werden, um Durchfallerscheinungen zu vermeiden. Im eigenen Garten gezogenes, unbehandeltes Gemüse kann man auch ungewaschen verfüttern. Besondere Liebhaber für das Blattgemüse finden sich unter den australischen Sittichen, insbesondere den Wellensittichen (*Melopsittacus undulatus*) und den Nymphensittichen (*Nymphicus hollandicus*). Manche Papageien ziehen gekochtes Gemüse dem rohen vor; der Verzicht auf Salz beim Kochen erscheint in diesem Zusammenhang selbstverständlich.

Spinat

Jan	Feb	Mär	Apr	Mai	Jun	Jul	Aug	Sep	Okt	Nov	Dez

Mangold

Jan	Feb	Mär	Apr	Mai	Jun	Jul	Aug	Sep	Okt	Nov	Dez

Tomate

Wie die Paprika oder die Kartoffel gehört auch die Tomate (*Lycopersicon esculentum*) zur Familie der Nachtschattengewächse (Solanaceae).

Herkunft und Geschichte

Vermutlich wuchs die Tomate ursprünglich als tropische Wildpflanze in den Andengebieten von Peru und Ecuador. Bereits vor vielen hundert Jahren wurde sie von den Indianern zum Nahrungserwerb angebaut. Die ursprünglich kirschengroße Frucht wurde allmählich größer gezüchtet und bekam von den Einheimischen den Namen „tomatl", was „Schwellpflanze" bedeutet. Mit Kolumbus gelangte die Tomate 1498 nach Europa, doch der erwerbsmäßige Anbau begann hier zu Lande erst im 19. Jahrhundert. Heute wird sie vorwiegend in Russland, der Türkei, Ägypten, China, Spanien, Italien und den Vereinigten Staaten kultiviert.

Lagerung

Da Tomaten transportempfindlich sind, werden sie meist grün oder blassrot geerntet. Der Geschmack bleibt dann oft wässrig und fade. Nur am Strauch ausgereifte Früchte erschließen ihr Aroma vollständig. Reif gepflückte Tomaten erkennt man am typischen Geruch und daran, dass sie auf leichten Druck nachgeben. Tomaten vertragen keine Lagerung im Kühlschrank und müssen binnen weniger Tage verbraucht werden. Sie sollten bei der Aufbewahrung nicht direkt der Sonne ausgesetzt sein.

Inhaltsstoffe

Neben zehn verschiedenen Spurenelementen und 13 Vitaminen, darunter Provitamin A und Vitamin C, enthalten Tomaten vor allem Kalzium, aber auch Eisen, Kalium, Magnesium und Phosphor.

Verfügbarkeit

Die Hauptsaison für Tomaten ist bei uns von Juli bis Oktober; bedingt durch Importe aus verschiedenen Regionen der Erde sind sie allerdings ganzjährig zu stabilen Preisen erhältlich.

Springsittich

Fütterungshinweise

Wegen des bereits erwähnten Aromaverlustes bei unreif geernteten Tomaten sollten unseren Papageien nur reif geerntete Früchte angeboten werden; der Einkauf beim Gemüsefachhändler ist dem im Supermarkt vorzuziehen. Tomaten können klein geschnitten oder halbiert angeboten werden; in letzterem Fall beschäftigen sich die Krummschnäbel zunächst mit dem Heraussammeln der Kerne. Tomaten werden nicht von allen Papageien angenommen; dennoch finden sich unter allen Gattungen Liebhaber des roten Fruchtgemüses. Auch hier zahlt sich Geduld und das Anbieten verschiedener Sorten aus. Nach meinen eigenen Erfahrungen werden die kleinen, geschmacksintensiven und fruchtig-süßen **Cocktailtomaten** besonders gerne angenommen.

Jan	Feb	Mär	Apr	Mai	Jun	Jul	Aug	Sep	Okt	Nov	Dez

Zucchino und Kürbis

Der Zucchino (*Cucurbita pepo*) ist der wichtigste Vertreter der Sommerkürbisse und gehört wie der **Winterkürbis** (*Cucurbita maxima*) zur Familie der Kürbisgewächse (Cucurbitaceae).

Herkunft und Geschichte

Der Kürbis ist schon seit mehr als 10.000 Jahren als Gemüsepflanze bekannt. Die Kulturpflanze hat sich aus Wildformen entwickelt, die ursprünglich in Mexiko und Guatemala beheimatet waren. Vor etwa 400 Jahren kam der Kürbis aus der Karibik und Mexiko über Italien nach Mitteleuropa. Es haben sich viele, zum Teil schwer unterscheidbare Formen und Varietäten von Speise- und Zierkürbissen gebildet. Der Zucchino entwickelte sich wahrscheinlich aus dem Kürbis und stammt ebenfalls aus Mittelamerika. Da er nur in mildem Klima gedeiht, wird er in Europa hauptsächlich in den Mittelmeerländern kultiviert. Im Gegensatz zu Kürbissen werden Zucchini unreif verzehrt.

Lagerung

Zucchini sind recht empfindlich und bleiben im perforierten Plastikbeutel gekühlt nur etwa eine Woche frisch; in Scheiben geschnitten und kurz blanchiert können sie eingefroren werden. Rohe Winterkürbisse lassen sich im Ganzen an einem dunklen, feucht-kühlen Ort mitunter mehrere Monate aufbewahren. In Stücke geschnitten halten sie im Kühlschrank nur ein bis zwei Tage. Beim Einkauf achte man auf glatte, pralle

Exemplare. Einwandfreie Zucchini zeichnen sich durch eine glänzende Schale aus; bei Winterkürbissen dagegen muss die Schale eher matt sein.

Inhaltsstoffe

Während Kürbisse überdurchschnittlich viel Provitamin A enthalten, sind Zucchini vor allem reich an Kalzium und Eisen.

Verfügbarkeit

Zucchini sind ganzjährig auf unseren Märkten erhältlich; zur Zeit der heimischen Ernten von Juni bis Oktober sind sie besonders preiswert. Das Angebot der Winterkürbissorten ist auf den Zeitraum von Juli bis Januar beschränkt; man erhält sie am besten auf Wochenmärkten direkt vom Erzeuger. Sowohl Zucchini als auch Kürbisse können im eigenen Garten angebaut werden.

Fütterungshinweise

Viele Papageienhalter geben an, dass ihre Vögel ausschließlich die Kerne des Kürbis annehmen; sicherlich werden generell kleinere Sorten, z. B. der **Kleine Speisekürbis**, dem **Riesenkürbis** bevorzugt. Kürbisse werden am besten frisch im reifen Zustand verfüttert, denn unreife Exemplare besitzen wenig Geschmack, alte Kürbisse dagegen haben oft faseriges Fleisch. Bei den Zucchini wähle man am besten kleine Exemplare aus, da diese von intensiverem Geschmack sind. Als einzige Gemüseart in eine reine Obstmischung gemengt, habe ich mit der Gabe von Zucchini gute Erfahrungen gemacht. Haben die Papageien jedoch die Auswahl unter verschiedenen Gemüsesorten, werden die anderen Arten meist bevorzugt. Besondere Zucchinifreunde finden sich u. a. unter den Amazonen und Kakadus.

Zucchino

Jan	Feb	Mär	Apr	Mai	Jun	Jul	Aug	Sep	Okt	Nov	Dez

Kürbis

Jan	Feb	Mär	Apr	Mai	Jun	Jul	Aug	Sep	Okt	Nov	Dez

Goldscheitelsittich

Zwiebel, Schnittlauch, Porree und Knoblauch

Zwiebel (*Allium cepa*), Schnittlauch (*Allium schoenoprasum*), Porree (*Allium porrum*) und Knoblauch (*Allium sativum*) sind nahe Verwandte und gehören zur Familie der Liliengewächse (Liliaceae).

Herkunft und Geschichte

Während alle anderen Allium-Arten ursprünglich aus Mittel- oder Zentralasien stammen und sich von dort aus über das Mittelmeergebiet in beinahe ganz Europa, Asien und zum Teil auch in Nordamerika ausgebreitet haben, ist der Porree vermutlich die Zuchtform des im Mittelmeerraumes vorkommenden **Sommerlauchs** (*Allium ampeloprasum*). Alle vier hier vorgestellten Arten waren bereits im Mittelalter in Mitteleuropa weit verbreitet. Knoblauch und Zwiebel wurden bereits von den Ägyptern der Pyramidenzeit sehr geschätzt; der Knoblauch galt bei ihnen gar als eine göttliche Gabe.

Lagerung

Zwiebeln, Porree und Knoblauch brauchen nicht gekühlt gelagert zu werden. Die Aufbewahrung an einem kühlen, trockenen, dunklen und gut durchlüfteten Ort ist ideal. Die Knollen von Zwiebel und Knoblauch sind unter diesen Bedingungen sehr lange haltbar. Schnittlauch kann im Gemüsefach des Kühlschranks einige Tage aufbewahrt werden; er eignet sich unblanchiert auch zum Einfrieren. Auch frische, geschälte und rohe Knoblauchknollen können eingefroren werden; Zwiebeln hingegen büßen dabei an Geschmack ein. Lauch sollte nur blanchiert und klein geschnitten tiefgekühlt werden.

Inhaltsstoffe

Zwiebeln sind ausgezeichnete Lieferanten für Provitamin A, Vitamin C, Kalium und Kalzium. Wie Knoblauch enthalten sie Cycloallin, das

Halsbandsittich

vorbeugend gegen Herzerkrankungen wirkt. Auch der Schnittlauch hat einen hohen Vitamin-C-Gehalt und ist reich an Eisen, Kalium, Kalzium, Phosphor und Magnesium. Porree enthält insbesondere Vitamin E sowie die Mineralstoffe Kalzium und Magnesium.

Verfügbarkeit

Alle vier Gemüsesorten sind ganzjährig zu nahezu gleich bleibenden Preisen auf unseren Märkten erhältlich.

Fütterungshinweise

Wegen der Würzigkeit und des scharfen Geschmacks bieten sehr viele Papageienhalter und -züchter die hier besprochenen Gemüsesorten nicht an, da sie davon ausgehen, dass diese von den Vögeln ohnehin nicht angenommen werden. Dabei gibt es besonders für Knoblauch und Zwiebel ausgesprochene Liebhaber unter den Psittaziden. Auch Schnittlauch wird von vielen Papageien gerne genommen. Er kann – auf der eigenen Fensterbank gezogen – im Ganzen angeboten werden. Getrockneter Lauch, wie er in einigen Fertigfuttermischungen enthalten ist, stößt ebenfalls auf eine gute Akzeptanz. Der Knoblauch wird besonders von Kakadus bevorzugt gefressen. Die etwas mildere Gemüsezwiebel wird lieber genommen als andere Zwiebelsorten. Sie kann klein geschnitten oder im Ganzen regelmäßig gereicht werden. Während die scharfen *Allium*-Arten von allen anderen Papageien eher mit sehr wechselnder Begeisterung angenommen werden (sehr abhängig vom einzelnen Individuum), sind sie im Allgemeinen bei Vögeln der Gattungen *Amazona* und *Cacatua* sehr beliebt. Wer Papageien in der Wohnung hält, sollte bei der Gabe von Knoblauch den strengen Geruch bedenken, der sich dadurch ausbreitet.

Zwiebel

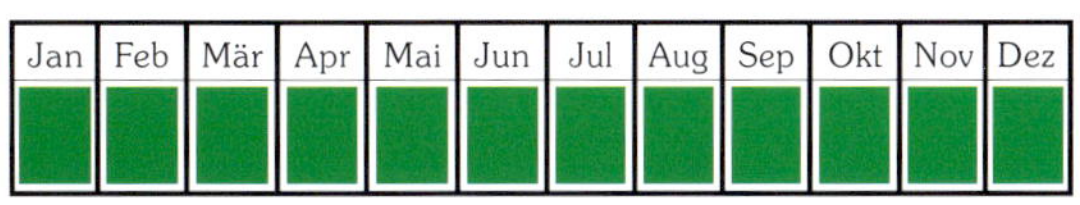

Schnittlauch

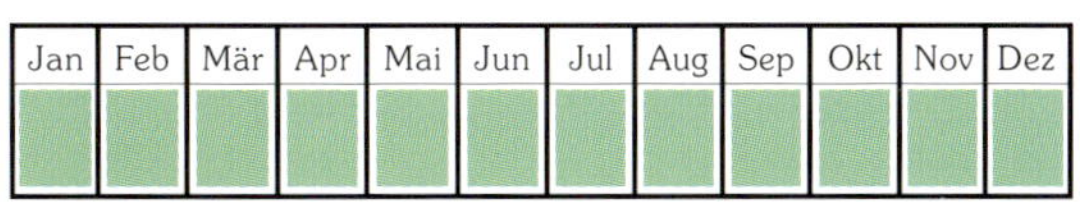

Porree

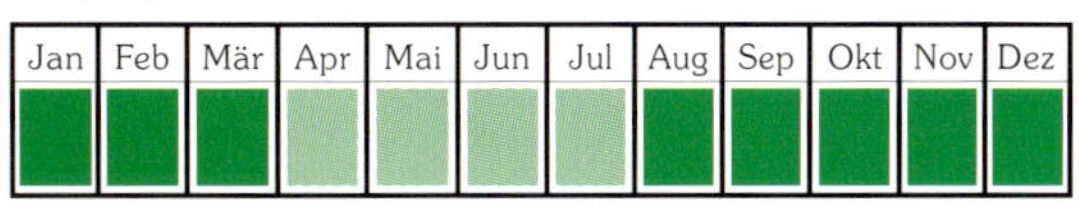

Knoblauch

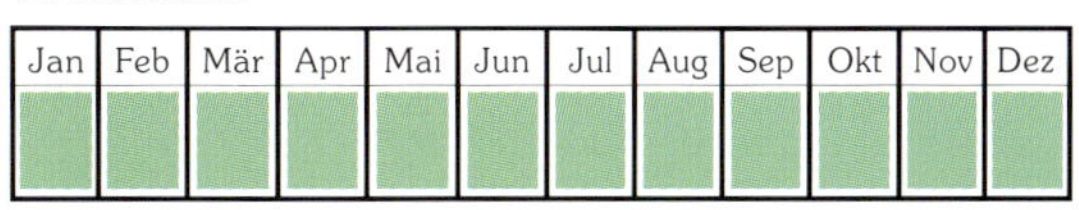

Weitere zur Fütterung von Papageien geeignete Früchte

Aubergine

Champignon

Linse

Pastinake

Aubergine und Champignons

Aubergine

Die Akzeptanz der Aubergine (*Solanum melongena*) bei den Papageien ist sehr unterschiedlich. Sie wird aber von vielen Psittaziden gerne genommen, weshalb sie an dieser Stelle erwähnt werden muss. Besonders unter Vögeln der Gattungen *Psittacus*, *Platycercus*, *Forpus*, *Brotogeris* und *Aratinga* findet sie Anhänger. Ernährungsphysiologisch gesehen ist die Aubergine von geringer Bedeutung; sie ist lediglich ein guter Kaliumlieferant und enthält sehr geringe Mengen an Folsäure, Kupfer, Magnesium und Vitamin B_6. Nach meinen Erfahrungen werden Auberginen lieber im gegarten Zustand angenommen als im rohen.

Aubergine

Jan	Feb	Mär	Apr	Mai	Jun	Jul	Aug	Sep	Okt	Nov	Dez

Champignon

Champignons (*Agaricus bisporus*) werden unseren Papageien nur selten angeboten; vermutlich aber nur deswegen, weil sicher die meisten Züchter und Halter nicht wissen, dass man diese durchaus verfüttern kann. Sie sind ausgesprochen reich an Kalium und Vitamin B_2 und werden von australischen und asiatischen Sittichen, Kakadus und Amazonen gerne genommen. Da das enthaltene Pilzeiweiß im Allgemeinen als schwer verdaulich gilt, sollte man Champignons nur als gelegentlichen Leckerbissen und in kleinen Mengen anbieten.

Champignon

Jan	Feb	Mär	Apr	Mai	Jun	Jul	Aug	Sep	Okt	Nov	Dez

Linse

Linsen (*Lens* spp.) gehören wie Erbsen und Bohnen zur Familie der Schmetterlingsblütler (Leguminosae) sind Bestandteil vieler Quell- oder Keimfuttermischungen. Sie können nach einer Einweichzeit von etwa 12 Stunden verfüttert werden. Da bei der Verfütterung von gequollenen Leguminosen gelegentlich vor Verdauungsproblemen gewarnt wird, darf ihr Anteil im Keimfutter nicht zu hoch sein.

Linse

Jan	Feb	Mär	Apr	Mai	Jun	Jul	Aug	Sep	Okt	Nov	Dez

Pastinake

Leider ist die Pastinake (*Pastinaca sativa*) ein wenig in Vergessenheit geraten – obwohl es sich um ein sehr altes Gemüse handelt, das bis in die Renaissance sehr beliebt war. Durch den Kartoffel- und Möhrenanbau wurde die Pastinake seither verdrängt, wird aber auch heute noch in geringen Mengen angebaut. Das kräftig-wohlschmeckende Gemüse erinnert im Geschmack ein wenig an die Haselnuss und ist reich an

Mineralstoffen; von vielen Papageien werden die Knollen gerne angenommen. Vor allem in Süddeutschland ist die Pastinake als Wildpflanze stark verbreitet.

Pastinake

Jan	Feb	Mär	Apr	Mai	Jun	Jul	Aug	Sep	Okt	Nov	Dez

Petersilie

Die Petersilie (*Petroselinum crispum*) kann leicht im Blumentopf auf der Fensterbank kultiviert werden; sie ist auch im Supermarkt frisch erhältlich. Das Küchenkraut stellt ein sehr hochwertiges Grünfutter dar; es enthält viel Vitamin C und Provitamin A sowie die Mineralstoffe Eisen, Phosphor, Kalzium und Kalium. Von vielen Papageien wird die Aufnahme der Petersilie verweigert; in solchen Fällen kann sie ganz klein geschnitten unter das Futter gemischt werden, um die Vögel an den Geschmack zu gewöhnen. Im Zusammenhang mit der Verfütterung von Petersilie wurde schon mehrfach über Todesfälle bei Wellensittichen (*Melopsittacus undulatus*) berichtet. Das „Petersilienfruchtöl", welches die Wirkstoffe Apiol und Myristicin enthält und gefährliche Folgen für verschiedene innere Organe haben kann, wird allerdings vor allem in den Früchten der Petersilie angereichert, weshalb diese nicht zum Verzehr in der Vogelernährung geeignet sind. Da der Anteil dieser Öle in den Blättern maximal 0,3 % beträgt, können diese unbedenklich verfüttert werden. Erkrankungen nach dem Verzehr der Petersilie sind allerdings möglicherweise auf Pflanzenschutzmittelrückstände zurückzuführen (vgl. NIEMANN 1997).

Petersilie und Spargel

Petersilie

Jan	Feb	Mär	Apr	Mai	Jun	Jul	Aug	Sep	Okt	Nov	Dez

Petersilie

Rhabarber

Von vielen Papageienhaltern wird gemutmaßt, dass der Rhabarber (*Rheum rhaponticum*) für die Krummschnäbel giftig sei. Bisher konnte allerdings kein konkreter „Beweis" hierfür angetreten werden; im Gegenteil wird er des Öfteren verfüttert. Besitzer von Vögeln der Gattungen *Psittacus*, *Poicephalus*, *Cacatua* und *Amazona* gaben den Rhabarber als Bestandteil des Speiseplans an. Da Rhabarber sehr säurehaltig ist, sollte er nur in Maßen angeboten werden.

Rhabarber

Jan	Feb	Mär	Apr	Mai	Jun	Jul	Aug	Sep	Okt	Nov	Dez

Rhabarber

Spargel

Obwohl der Spargel (*Asparagus officinalis*) nur von sehr wenigen Papageien angenommen wird, soll er hier aufgeführt werden, denn er findet unter den Amazonen und Kakadus seine Liebhaber. Meist wird er gekocht gereicht; die zarten Spitzen werden besonders gerne angenommen. Spargel ist eine ausgezeichnete Vitamin- und Mineralstoffquelle.

Spargel

Jan	Feb	Mär	Apr	Mai	Jun	Jul	Aug	Sep	Okt	Nov	Dez

Spargel

Breitbinden-Allfarblori

Wenn man ganze oder halbierte Früchte aufspießt oder in Astgabeln einklemmt, können sich die Papageien länger mit dem Futter beschäftigen

Beachtenswertes bei der Gabe von Obst und Gemüse

Sicherlich ist zu diesem Aspekt in den einzelnen Kurzmonographien schon viel geschrieben. Dennoch möchte ich abschließend noch einmal auf dieses Thema eingehen, da mir die Art und Weise der Darreichung des Futters sehr wichtig erscheint.

Papageien müssen sich in freier Natur ihr Futter suchen. Dies ist oft mit langen Flügen und einer Menge „Arbeit" verbunden. Dementsprechend sollte man den Papageien auch in Menschenobhut möglichst viel Beschäftigung beim Umgang mit dem Futter bieten.

Immer an der gleichen Stelle aufgehängte Futternäpfe z. B. mit „schnabelgerechtem" Inhalt werden auf die Dauer für die Vögel langweilig; sie werden träge und stumpfen ab.

Obst und Gemüse eignet sich in vielen Fällen für sehr unterschiedliche Formen der Darbietung. Ganze Äpfel oder Birnen z. B. können hervorragend auf einen Ast gespießt werden. Jedes Mal kann ein anderer Ast gewählt werden, so dass die Papageien ihr Futter erst suchen müssen. Die Gabe von ganzen Früchten oder Gemüsesorten hat außerdem den Vorteil, dass die Vögel sich

Trockenobst

Auch Trockenobst sollte auf dem Speiseplan der Papageien stehen; manchmal wird es sogar dem frischen Obst vorgezogen.

mit der Frucht beschäftigen, indem sie daran knabbern, etwas abbeißen, bestimmte Bestandteile herauslösen usw. Auf diese Weise haben die Tiere „etwas zu tun" und es wird weniger Futter achtlos weggeworfen, als es bei klein geschnittenem Obst und Gemüse oft der Fall ist.

Das Anbringen eines Obst- oder Gemüsestückes an einer schlecht zugänglichen Stelle ist eine andere Variante. Mittels eines Stückes Schnur oder Draht kann die Frucht z.B. einfach von der Decke baumeln oder man legt Früchte auf das Gitterdach der Freivoliere.

Halbiert angebotene Früchte animieren die Tiere sehr oft dazu, bestimmte Bestandteile des Fruchtinhaltes herauszulösen.

Sehr oft habe ich bei Papageienzüchtern und -haltern und auch in Vogelparks beobachtet, dass verschiedene Früchte- und Gemüsesorten klein geschnitten und mit dem Fertigfutter (Sämereien, Eifutter, Weichfutter usw.) vermischt den Papageien angeboten werden.

Diese Methode mag mitunter einfach und zeitsparend sein, sie ist aber sicher nicht empfehlenswert. Besonders Sorten mit hohem Wassergehalt werden bei dieser Art der Darreichung schnell matschig und werden nicht mehr angenommen; in den Sommermonaten verdirbt eine solche Futtermischung außerdem schnell. Überdies hat sie den entscheidenden Nachteil, dass zuerst die bevorzugten Zutaten von den Papageien gefressen werden; weniger beliebte Bestandteile bleiben liegen. Somit ist der Anteil an verschwendetem Futter oft recht hoch.

Aus diesem Grund bin ich schon vor Jahren dazu übergegangen, die Gabe von frischem Futter und

Fertigfutter strikt zu trennen. Morgens bekommen die Papageien frisches Futter (Obst und Gemüse, Brei, Wasser) angeboten, abends werden die Reste entfernt und durch Fertigfutter (Körnermischung, Weichfutter usw.) ersetzt. Dadurch werden die bei vielen Papageien in freier Natur natürlichen Fresszeiten (morgens und abends) nachgeahmt und die Akzeptanz des Angebotenen liegt deutlich höher.

Eine weitere Differenzierung der Fütterung in Richtung „Trennkost" (vgl. REINSCHMIDT 2000) hat bei mir zu dem gewünschten Erfolg geführt, dass Futterbestandteile, welche bei einer Adlibitum-Fütterung verschmäht wurden, nun doch begeisterte Anhänger unter den Vögeln finden.

Viele Obst- und Gemüsesorten sind auch im getrockneten Zustand erhältlich. **Trockenobst** wird von den Papageien gerne angenommen und sollte unbedingt gelegentlich auf dem Speiseplan stehen, nicht zuletzt weil es in einzelnen Fällen sogar den frischen Früchten vorgezogen wird.

Während z. B. frische Feigen begrenzt Liebhaber unter den Psittaziden finden, werden getrocknete Feigen von vielen Papageienarten sehr gerne angenommen. Durch den Trocknungsprozess ändert sich die Zusammensetzung der Inhaltsstoffe, der Anteil an Kalium z. B. nimmt beträchtlich zu, wodurch die Aufnahme getrockneter Früchte vorbeugend gegen Durchfallerscheinungen sein kann. Viele Papageien nehmen Trockenobst nur an, nachdem es einige Stunden in Wasser eingeweicht wurde. Geschwefeltes **Dörrobst** sollte nicht verwendet werden. Getrocknetes Gemüse ist in verschiedenen Fertigfuttersorten enthalten. Bei meinen eigenen Vögeln konnte ich die Feststellung machen, dass verschiedene Sorten, z. B. Lauch oder Peperoni, lieber im getrockneten Zustand gefressen werden. In Streifen oder Scheiben geschnitten, kann man Obst und Gemüse bei geringer Hitze im Backofen selbst trocknen. Die Türe des Backofens lässt man dabei einen kleinen Spalt offen stehen, damit die nach oben steigende Feuchtigkeit entweichen kann.

Avocados

Avocados sollten nicht verfüttert werden.

Mit Vorsicht zu genießen!

Da nach dem Verfüttern von **Avocados** (*Persea americana*) immer wieder Todesfälle, insbesondere bei Wellensittichen, Nymphensittichen und Kanarienvögeln, zu beklagen waren, sollte auf sie besser verzichtet werden (vgl. KUMMERFELD 1989, DE RUITER 1992, KLEEFISCH 2000).

Wegen zu befürchtender Verdauungsstörungen ist auch bei den **Blattkohlsorten** (zum Beispiel **Weißkohl**, **Rosenkohl**, **Rotkohl**, **Chinakohl**, **Wirsing**) Vorsicht geboten (vgl. KÜNNE 2000a); sie wurden bei vielen Papageienhaltern vom Speiseplan gestrichen.

Da gekaufter **Blattsalat** – egal welcher Form und Art – meist sehr stark mit Pestiziden behandelt ist und im Gewächshaus gezogener Salat überdies einen sehr hohen, gesundheitsschädlichen Nitratgehalt aufweisen kann (vgl. KÜNNE 2000a), ist man gut beraten, solches Grünfutter nur aus eigenem Anbau anzubieten.

Um Wiederholungen an dieser Stelle zu vermeiden, möchte ich weiterhin auf die in den Kurzmonographien über **Bohne** und **Erbse**, **Cherimoya**, **Erdnuss**, **Holunderbeere**, **Kirsche**, **Petersilie**, **Pfirsich** sowie **Pflaume** gemachten Angaben verweisen.

Edwards-Schmuckohrpapagei

Schlusswort und Danksagung

Neben meinen eigenen Erfahrungen mit Vögeln der Gattungen *Agapornis, Aratinga, Bolborhynchus, Brotogeris, Cyanoramphus, Forpus, Melopsittacus, Neophema, Nymphicus, Pionites, Platycercus, Poicephalus, Polytelis, Psephotus, Psittacula, Psittacus* und *Pyrrhura* war ich bei der Vorbereitung dieses Buches natürlich stark auf Informationen anderer Papageienhalter und -züchter angewiesen.

An dieser Stelle möchte ich mich daher bei all denen bedanken, die mir mit Angaben über die Ernährungsgewohnheiten ihrer Vögel weitergeholfen haben:

Thorsten Bönte (Dänischenhagen)
Bernhard Brockmann (Cremlingen)
Elke Dahmann
Antje Dörwaldt (Berlin)
Sabina Damelang (Berlin)
Dagmar Derner (Berlin)
Holger Dieckhoff (Dortmund)
Margarethe Fethke (Buchholz)
Fam. Franzke (Hartmannsdorf)
Werner und Margrit Fromm (Lüneburg)
Manfred Gutsche (Tornesch)
Karin Haag (Wertheim)
Andrea Hartmann (Eppstein)
Marion Hitzler (Dillingen)
Barbara Höfer (Hannover)
Sonja Hoffmann (Ahrensburg)
Julia Hübner (Ehningen)
Christiane Hupka-Chanaa (Berlin)
Melanie Kleemann (Gelsenkirchen)
A. Klein, Völklingen
Markus Klingenschmitt

Vicky Knauer (Heidelberg)
Ingo Kober (Gaiberg)
Peter Kronseder (Eiselfing)
Carola Lemmermann (Walpertskirchen)
Veronika Mader (Mainz)
Brigitte Manges (Ketsch)
Sabine Neugebauer (Düsseldorf)
Urs Niederhauser (Burgdorf, Schweiz)
Heike Pahl (Hamburg)
Angelika Poppe (Delmenhorst)
Sabine Preis (Haldenwang)
Gabriele Radig (Bad Freienwalde)
Rudolf Reiffert (Acholshausen)
Harald Reinhardt (Kronau)
Detlev und Iris Rünger (Fadden Hills, Australien)
Barbara und Rüdiger Rüger (Huglfing)
Johanna-Louise Schiemann (Eutingen)
Christoph und Birgit Schirm
Gert Schneider (Oldenburg)
Ingrid Schrader (Herzebrock)
Marion Stanske (München)
Daniela Theis (Püttlingen)
Paul Tiskens (Kevelaer)
Michael und Ulrike Tondorf (Löffingen)
U.C. Torres (Trier)
B. und G. Vollmer (Gießen)
Brigitta Weber (Ratingen)
Ludwig Weinbeer (Unterschleichach)
Franklin Weinheimer (Ebershausen)
Rolf Wenger (Dübendorf, Schweiz)
Claudia Willging
Corinna Wilfert (Herborn)
Uwe Winkler (Röthenbach)
Sigrid Wiederstein (Dortmund)
Axel Wittenstein (Schloß Holte)
René Wüst (Heilbronn)
Astrid Zacharias (Menden).

Herr Thomas Polster und seine Kollegen von der „Arbeitsgemeinschaft Papageien-Netzwerk" (Internet-Adresse: www.papageien.org) haben mich durch die Veröffentlichung meiner Umfragen im Internet in besonderem Maße unterstützt.

Auch Herr Alfred Hausch (Stimpfach) war mir eine wichtige Hilfe, indem er mich in seinen Volieren fotografieren ließ.

Ein ganz besonderer Dank gilt meinem Freund Walter Schulz (Gemmingen) und seiner Frau Margot sowie ihren Papageien „Larry" (Neuguinea-Edelpapagei), „Hannibal" (Kongo-Graupapagei), „Coca" (Gelbnackenamazone) und „Paula" (Panama-Amazone), die bereitwillig für Fotoaufnahmen Modell gestanden haben und (fast) alles gefressen haben, was ihnen dargeboten wurde.

Ausdrücklich erwähnt werden müssen auch meine beiden zahmen Grünzügelpapageien „Ratz" und „Rübe". Sie sind äußerst fotogen und fressen einfach alles... Wenn es nach ihrem Willen ginge, wäre dieses Buch voll mit Fotos von ihnen...

Wichtige Impulse und Anregungen erhielt ich von meiner Frau Anke, ohne deren ermutigende Unterstützung diese Arbeit nicht möglich gewesen wäre.

Alle mit Hilfe der oben erwähnten Personen gesammelten Daten wurden gespeichert und getrennt noch Papageiengattungen (z.B. *Amazona*, *Cacatua* oder *Psittacus*) ausgewertet. Sie können beim Autor per E-Mail oder unter Einsendung eines adressierten und ausreichend frankierten DIN-C5-Rückumschlages angefordert werden (bitte gewünschte Gattung(en) angeben). Der Autor freut sich natürlich über weitere Informationen zum Fressverhalten der Papageien, Sittiche und Loris. Die Adresse lautet:

Volker Würth
Narzissenstr. 5
D-73495 Stödtlen

E-Mail: papageienliebenobst@t-online.de

Literaturverzeichnis

Aeckerlein, W. (1986): Die Ernährung des Vogels. Stuttgart.

Anon. (1998): Das große Lexikon der Lebensmittel. München.

Blancke, R. (2000): Farbatlas exotische Früchte, Obst und Gemüse der Tropen und Subtropen. Stuttgart.

Brockner, A. (1997): Wildfrüchte als Futter für Papageien. Papageien 10: 241-243.

Colditz, G. (1997): Exotisches Obst und Gemüse für die Küche. 2. Aufl. Stuttgart.

Colditz, P. & G. Colditz (1991): Kiwi, Litschi und Melone. Stuttgart.

Cudlipp, E. (1984): Vitamine und Minerale. Ravensburg.

Daßler, E. & G. Heitmann (1991): Obst und Gemüse – eine Warenkunde. Berlin, Hamburg.

Ginsberg, C. (1992): Vorsicht bei Sojaprodukten. Gefiederte Welt 116: 207.

Hofmann, I. & S. Carlsson: Vitamintabelle. München.

Hubert, W. & H. Reith (1992): Obst & Gemüse aus aller Welt. München.

Ingram, C. (1998): Das Gemüsebuch. Köln.

Kleefisch, T. (2000): Vergiftungen durch Avocados. Gefiederte Welt 124: 105.

Klock, P. (1990): Früchte, Gemüse und Gewürze aus dem Süden. München.

Kranz, B. (1997): Früchte - der gesunde Genuss. München.

Kummerfeld, N. (1989): Avokado-Vergiftung bei Ziervögeln. Die Voliere 12: 239.

Künne, H.-J. (1994): Die Ernährung der Papageien. Die Voliere 17: 149-157.

Künne, H.-J. (1998): Sind Beeren und Nüsse als Wellensittichfutter geeignet? WP-Magazin 4 (4): 6-11.

Künne, H.-J. (2000a): Die Ernährung der Papageien und Sittiche. Bretten.

Künne, H.-J. (2000b): Leckerbissen für Papageien. WP-Magazin 6 (3): 47-48.

Künne, H.-J. (2000c): Futterpflanzen im Sommer. WP-Magazin 6 (4): 47-49.

Künne, H.-J. (2000d): Vogelfutterpflanzen im Herbst. WP-Magazin 6 (5): 26-27.

Liebster, G. & H.-G. Levin (1999): Warenkunde Obst und Gemüse. Band 1 – Obst. Weil der Stadt.

Lötschert, W. & G. Beese (1992): Pflanzen der Tropen. München.

Low, R. (2000): Früchte und Beeren von Hecken – ein wichtiger Bestandteil der Ernährung unserer Vögel. Gefiederte Welt 124: 96-97.

Low, R. (2001): Abwechslungsreiches Obstangebot für unsere Papageien. Gefiederte Welt 125: 11-13.

Mäder, B. (1994): Vitamine, Mineralstoffe, Enzyme & Co. Küttigen.

Meißner, M. (1992): Wildbeeren für exotische Vögel. Gefiederte Welt 116: 28-29.

Niemann, R. (1997): Ist Petersilie giftig für Wellensittiche? WP-Magazin 3 (5): 47.

Nowak, B. & B. Schulz (1998): Tropische Früchte. München.

Oberbeil, K. & C. Lentz (1996): Obst und Gemüse als Medizin. München.

Pittman, T. (1994): Über die Ernährung der Anodorhynchus-Arten im Freileben. Papageien 7: 54-56.

Reinschmidt, M. (2000): „Trennkost" für Papageien und Sittiche. Papageien 13: 420-423.

Rias-Bucher, B. (1998): Exotisches Gemüse. München.

Rias-Bucher, B. (1999): Einheimisches Gemüse. München.

Ruiter, M. de (1992): Vorsicht beim Verfüttern von Avocados. Gefiederte Welt 116: 329.

Schallenberg, K.-H. (1998): Wildpflanzen als Nahrung für Papageien. Papageien 11: 236-240

Schnabl, H. (1980): Unkräuter, Kulturpflanzen und tierische Schädlinge als Vogelfutter. Die Voliere 3: 58-63.

Schnabl, H. (1998): Vogelfutterpflanzen. Bretten.

Veit, E. (1999): Marktfrisch genießen. München.

Vít, R. (1993): Zu: Vorsicht bei Sojaprodukten. Gefiederte Welt 117: 141.

Wilhelm, P.G. (1985): Obst im Garten. Stuttgart.

Whiteman, K. & M. Mayhew (1999): Enzyklopädie der Früchte. Köln.

Würth, V. (1998): Die Ernährung der Schmalschnabelsittiche in Menschenobhut. Papageien 11: 340-344.

Würth, V. (1999): Ernährung von Agaporniden. WP-Magazin 5 (6): 46-47.

Würth, V. (2000): Obst – der gesunde Genuss. WP-Magazin 6 (4): 6-11.

Register

Register

Bildnachweis

Seite 5: Anke Würth
Seite 25: Thomas Arndt
Seite 47 (Holunderbeeren): Hans-Jürgen Künne
Seite 58 (Blaustirnamazone): Anne Goebel
Seite 67 (Netzmelone): Marcellus Bürkle
Seite 96: Hans-Jürgen Künne
Seite 99: Lothar Arndt

Alle weiteren Fotografien stammen vom Autor
Volker Würth

Unser Buchtipp für den Vogelhalter:

Eine große Lücke auf dem Buchsektor wurde endlich geschlossen: Diplom-Biologe Matthias Reinschmidt beschreibt Ihnen in seinem ausführlichen Buch die Feinheiten der ***Kunstbrut und Handaufzucht von Papageien und Sittichen****. Ein unentbehrliches Buch für jeden, der langjährige Erfahrungswerte einer oberflächlichen Behandlung dieses sensiblen Themas vorzieht.*

Preis pro Buch: DM 68,– / € 34,77

Lieferung gegen Einsendung eines Schecks über DM 76,– / € 38,86 (DM 68,– / € 34,77 + DM 8,– / € 4,09 Porto und Verpackung, entfällt bei Bestellung beider Bücher!) oder nutzen Sie den bestehenden Bankeinzug.

Die richtige ***Ernährung von Papageien und Sittichen*** *ist häufig ausschlaggebend für die Gesundheit unserer Heimvögel. Der Diplom-Biologe und Papageienzüchter Hans-Jürgen Künne bringt Ihnen in fundierter und leicht verständlicher Form die verschiedenen Fütterungsaspekte näher, die jeder verantwortungsbewusste Vogelhalter kennen sollte.*

Bestellen Sie noch heute beim:

Arndt-Verlag

Brückenfeldstraße 28
75015 Bretten
Telefon 07252-957970
Fax -78224